集団就職

高度経済成長を支えた金の卵たち

Sawamiya Yū

澤宮 優

◉弦書房

装丁＝毛利一枝

〔カバー表写真〕
三等車の窓から、見送りに来た進学する友人へ
別れのあいさつをする少年たち（昭和三十三年四月五日、八代駅）
〔カバー裏写真〕
就職していく少年に、励ましのことばをかける親類の人たち
（昭和三十三年四月五日、八代駅）
〔表紙表〕
窓から顔を出したまま、郷土の風景を眺める少女
（昭和三十三年四月五日）
〔表紙裏〕
就職していく少年たちと、見送りに来た同級生たち
（昭和三十三年四月五日、八代駅）
〔本扉写真〕
列車内の就職生たち（昭和三十三年四月五日）

＊写真はすべて麦島勝撮影（八代市立博物館蔵）

目次

はじめに

集団就職とは？

集団就職というのは、一般には昭和三十年代から昭和四十年代にかけて、各地方の中学卒の少年少女が集団就職列車に乗って、関西（阪神）、中京、関東などの大都市圏に就職したことを指している。就職を希望する新規学卒者の地方から都会への計画輸送とも言えるだろう。

国語辞典にはこう記されている。

〈同一地域の人が、工場や大規模小売店などに集団で就職すること。特に、昭和三十年代に、地方の中学卒業生が、都会の工場や商店に集団で就職したこと〉

昭和の高度経済成長の時代は、大都会の企業は多くの若年労働者を必要とした。だが都市圏では高校進学率も高まり、思うように中学卒の労働者を確保できなかった。

そのため求人難に悩んだ企業は地方からの働き手を求めた。企業は地方の職業安定所と提携して、集団求人を行った。一定の人数を各業種ごとに採用すると、就職者も大量になる。そのために、各県は新卒者をまとめて就職先に送り届けるために、国鉄と交渉した。これが集団就職者用の臨時列車である。これを集団就職列車という。昭和二十九年四月五日に青森から上野まで走った就職列車はよく話題にされる。中学を卒業した六二二名を乗せて二一時間かけて上野駅に着いた。かつてはこの列車をもって集団就職の始まりとも言われていた。ただこの列車以前にも集団就職列車はあった。

　集団就職の始まりはすでに戦前の昭和十四年四月八日に秋田県の高等小学校卒業の少年六八七名が就職団列車（後の集団就職列車）で上野駅に向かったという記録がある。銃後の生産拡充のため集団就職することになったのである（山口覚の『集団就職とは何であったか』による）。

　戦後で言えば、昭和二十六年三月二十九日に長野県職業安定課と長野鉄道局によって中学卒の女子が就職専用列車で長野から名古屋駅まで乗車した。この列車は「織女星号《しょくじょせいごう》」と呼ばれ、男性五〇名を含む九四八名が乗車した[*1]。同じ二十六年三月には鹿児島県出水駅で、普通列車の最後尾の一両を集団就職列車とした。ここらが戦後の集団就職の始まりと明記すべきだが、おそらくこれ以外にも就職列車は走っていた可能性もあり、いつから集団就職が始まったかを定義することは難しい。

　しかし、私は次のように集団就職者をとらえている。一般に集団就職者と言われるのは、日本の高度経済成長を支えた金の卵として呼称されている。集団就職を論じる場合高度経済成長という言葉は不可欠なのである。したがって高度経済成長が始まった昭和三十年前後から原則として地方から集団という形をとって列車や船などの輸送機関によって都会などに就職した少年、少女などの若者たちと定義したい。輸送機関はその他にバス、後には飛行機も見られた。その終わりの時期は、労働省が廃止を決めた昭和五十年代前半と私は考える。厳密に言えば、高度経済成長は昭和四十八年頃に終わっているが、その後も国の取り組みとして集団就職は行われていたからである。

もう一点は私の集団就職の定義に照らし合わせ、その実施の期間が昭和二十年代半ばから昭和五十年代前半までだとすれば、この間に集団輸送という形をとらないで就職した人も私は広義の集団就職の中に含まれると考え、本書の対象とした。

この時期に事情があって集団で赴任しなかったものの、一人、あるいは知人たちと都会に就職した人たちも集団就職の対象とした（たとえば新規学卒者ではない、あるいは集団就職したものの、退職して郷里に戻り、再び都会に働きに行くなどが挙げられる）。その人たちの働く内容は赴任の方法が異なるだけで、集団就職者の勤務状態と同じだったからである。

集団就職は必ずしも中学卒だけでなく、高校卒業者も含まれていることを記しておきたい。これが本書で私が集団就職と述べる際の定義である。これによって集団就職は高度経済成長と時代も同じ時期に行われたことがわかる。

なお戦後、働くという意味をとらえるという意味から、集団就職ではないが、年季奉公という働き方も本書では紹介した。

昭和五十二年に労働省によって集団就職は廃止されたが、それ以降も集団就職列車のような本格的なものではなかったが、寝台列車に乗って就職する若者が集団で赴任することは見られた。山口覚によると昭和五十六年には「集団赴任列車」として中学卒の生徒を青森駅から「特急ゆうづる8号」「日本海2号」の寝台列車に乗って、東京、神奈川、静岡、愛知、三重などに旅立ったという。列車は県や交通公社のはからいによるものだった。昭和五十七年三月二十四日には鹿児島から名古屋まで高校卒業者五五名が飛行機によって名古屋まで行った。

集団就職が廃止された後も、このように集団で赴任した形は続けられていた。

これらの事象は、集団就職の余韻であり、後史としての位置づけと私は考える。その意味で、戦前に走った集団就職列車や、昭和二十六年に走った「織女星号《しょくじょせいごう》」は、本格的な集団就職の前史に位置づけたい。高度経済成長の集団就職列車が走る前史的役割を担ったのである。

集団就職＝高度経済成長という意味から、集団就職列車が初めて運行されたのは、昭和二十九年四月五日に青森から上野まで走った就職列車をもって嚆矢と私は考えている。

本書に記した各県の集団就職列車運行の始まりと終わりについてであるが、各県の労働局、職業安定課などに問い合わせたが、「記録、データーとして残っていないのでわからない」「はっきりはしないがだいたいこの年からこの年までだったように思う」という回答が多かった。公的文書として記されている県は少なかった。そのような扱いに集団就職の歴史的な位置づけを見ることができる。高度経済成長を支えた金の卵と呼ばれた人たちにもかかわらず、彼ら、彼女らの歴史はすでに文献からも記憶からも消えてしまっていたのである。

そのため各地方紙や当時の雑誌を当たることで集団就職の始まりを調べたことを付記しておく。

変わる集団就職列車

当初は各県と国鉄鉄道管理局のとの間で運行された集団就職列車は、昭和三十七年度（昭和三十八年三月）から労働省の働きかけで日本交通公社（現ＪＴＢ）に運行を依頼し、全国各地の県が協力する体制が作られた。

新規学卒者の計画輸送という性質から、集団就職は就職者を計画的にかつ集団で行うことが原則である。

なお、昭和三十年の高校進学率（文部省学校基本調査年次統計による）は、男女合わせて五一・五パーセントだった。男女別では男子が五五・五パーセント、女子が四七・四パーセントであった。ただしここには都市圏も含んでいるから、地方の数値はもっと低かった。

大学・短大への進学率は一〇・一パーセントで、極めて恵まれた人たちだった。

この当時は、中学の卒業が近づく冬になると、東京、関西、中部などから求人の斡旋に人事担当者がやって来る。中学生たちは金の卵と呼ばれ、引く手あまたの売り手市場であった。

時代背景が後押ししたのも事実だ。昭和二十五年に朝鮮戦争が勃発すると、アメリカ軍が大量の軍需品を日本に発注したため、日本経済は息を吹き返し（特需）、麻袋、綿布の繊維、トラック、鋼材などの金属製品も発注された。これによって「糸へん」「金へん」ブームが起こった。[*2]

その後、岩戸景気を経て昭和三十五年に池田勇人内閣で「国民所得倍増計画」が発表されると、日本は高度経済成長の時代に突入し、鉄鋼、船舶、自動車などの重化学工業、繊維業が発展していく。その大きな労働力となったのが、集団就職者たちだった。昭和三十九年には東京オリンピック景気もあり、日本はひたすら坂道を登り始める。

しかし、就職先の多くは中小企業が多く、中には非合法な斡旋もあり、就職して過酷な労働条件に苦しみ、離職する人も多かった。

社会に出てもまだ十代の半ばすぎの彼らは過酷な現実に翻弄された。

昭和三十九年にヒットした「あゝ上野駅」という歌がある。東北地方からの集団就職をした少年の心情を綴った流行歌である。

〈どこかに故郷の香りをのせて　入る列車のなつかしさ　上野はおいらの心の駅だ　くじけちゃならない人生が　あの日ここから始まった〉

彼らは慣れない都会での孤独感、人生の悩み、労働条件の悪さ、あるいは都会の誘惑から挫折する人も少なくなかった。そこから転落して事件を起こした例も少なくはない。

集団就職した人は、歴史の表舞台に出ることはなかったが、日本の戦後の復興、成長を底辺から支えた人たちである。この人たちなしに日本の経済発展はなかったと言い切ってもよい。ただ哀しい響きを集団就職は持ってもいるのも事実だ。

マスコミはこぞって悲惨な事件をクローズアップしてきた。これが集団就職のイメージを本来の姿から離れた暗いものにしている要因でもある。

そのためか今回本書を記すにあたり、取材は当然ながら難航した。多くの方に断られ、匿名であれば取材を受けるという条件が多かった。手紙を出しても返事がない。電話をすれば「もう昔のことは思い出したくない……」と語る人もいた。

なぜ語りたがらないのか。それが集団就職の一つの真実を物語っていた。

しかし匿名を条件にしながらも、勇気をもって語ってくださった方々がおられたのも事実である。その多くは、あどけなさの残る顔のまま都会に出て、歯を食いしばって仕事を全うした人でもあった。だがそれでも、ときおり幼少の思い出、仕事の思いを聞くときに、当時を思い出して言葉を詰まらせながら語る人もおられた。だが一方では働くことを自分なりに全うした誇りのようなものを感じた。そんな人が多かった。

ほとんどが還暦を過ぎた人たちだったが、集団就職で働き、腕を磨いて、独立して社長になった人もいた。今でも一職人として自分の腕を頼りに生きている人もいた。ある女性は働きながら、定時制の高校に通い、学業と両立させ、キャリアアップした人もいた。

そんな多くの頑張った人たちがいる。私は取材を進めるうちに、集団就職を前向きにとらえ、働くとはどんなことなのか、改めて考えてみたいと思うようになった。

そこに集団就職をあえて今日に取り上げる意味があると考えた。それは現代の働き方をめぐる風潮に私なりに危惧する点があったからでもある。

「働くこと」を考えるきっかけに

現代は相変わらず経済的な不況が続き、雇用状況も厳しい。同時に非正規雇用の問題、正規の仕事に就いても雇用条件の悪化、低賃金、長時間労働とまったく希望が見えない時代になってしまった。とくに派遣労働に従事する人たちの労働条件は過酷である。

今は、集団就職が行われた時代と置かれた状況は違うが、底辺では共通する部分も多い。それは経済不況と貧しさである。集団就職者は、ある程度の希望はあったにしても、何より生活するために働かなければならなかった。家計を助けるために働かなければならなかった。あるいは兄弟を高校や大学に行かせるために働く人もいた。

そういう事実を知って改めて思ったのは、働くということはまず生きるために、生活してゆくために行うものだということだ。

その一方で、現在の教育現場は、中学生や高校生のうちから、キャリア教育を推進し、将来の目標を決めさせて、早くから自分にあった仕事選びを教育するようになった。

そのような時代の流れの中で、今の適職探しが本当にいいことなのか、私にはわからなくなってきた。というよりそもそも仕事に適職というものが存在するのか私は疑わしく思っている。そう思ったのも、平成二十年代まで都内唯一の「三助」と言われた橘秀雪氏の言葉を取材の過程で思い出したからだ。橘氏は富山県から六十年ほど前単身で上京し、荒川区の銭湯で働いた。中学を卒業してすぐだった。「三助」という風呂屋の番頭、風呂の窯焚き、風呂の掃除など、銭湯の手伝いだった。

「三助の仕事はつらいとは思わない。仕事するのは当たり前だと思っているからね。俺は小さいうちから仕事はどんなことがあってもやるものだと思っていた。この仕事は楽しいとか楽しくないとか全然思っていない。仕事だからするのが当たり前。嫌だともつらいとも思わない。仕事ができるだけで満足している」

橘氏には、「仕事は好きであろうが、嫌いであろうがするものだ」というのがまずあって、その後にやりがいが出て来る。現在のまず適性、将来設計ありきの仕事選びに私が違和感を持ったのが、集団就職について詳しく考えることを後押しした。

あの時代、希望の業種などほとんど叶うこともなく、働かなければ本人も家族も生きてゆけなかった人たちの人生を辿ることで、働くことの意味を再確認することが本書の意義である。

ほとんど語られなかった九州や沖縄の状況

集団就職を語るには東北地方から来た人が定番になっている。東北地方は寒さのため生活が苦しいという印象があるが、じつは集団就職は戦後日本の全国的な現象だった。実際私の郷里である熊本県でも多く見られた。

熊本県八代市在住の作家前山光則は「ふるさと」のイメージが北のほうに偏っていないかと疑問を投げかけている。

〈集団就職した人たちの思いを切なく唄った「あゝ上野駅」を厳しく評するならば、これは北国の人たちのための歌であって、西南日本のイメージがまったく抜け落ちている〉（『昭和の貌――《あの頃》を撮る』）

東北地方＝集団就職という図式で捉えようとすると、当時の「金の卵」のたちの全体像をとらえたことにはならない。

昭和四十年の中学卒男子の県外就職者率は、鹿児島県が一位で、七四・五％に達している。女子であれば、八九・〇％とさらに高い。

鹿児島からの集団就職者には歌手の森進一がいる。鹿児島市で母子家庭で育った森は、中学を卒業すると、鹿児島発の集団就職列車に乗って大阪の寿司屋に就職した。以後、少しでも賃金の多いところを探して、母に仕送りするため、一七回職を変えた。その後、歌手としてデビューし

「襟裳岬」「おふくろさん」などの曲で知られるスター歌手となった。

昭和四十年の県外就職率（％）は、ほぼ集団就職と考えてよいと思う。中学卒の県外就職率は、九州は宮崎（男子六〇・〇、女子七五・七）、大分（男子五六・七、女子六六・一）、長崎（男子五五・一、女子七二・四）、熊本（男子五四・三、女子六五・五）、佐賀（男子五三・五、女子五四・二）、と数値が高い。

東北地方は、秋田（男子四九・八、女子六三・四）、岩手（男子四五・五、女子五九・九）、福島（男子四五・五、女子四五・七）、山形（男子四一・六、女子五一・〇）と続き、九州よりも低い。もっとも低いのが大阪で以下低い順に東京、神奈川、愛知、京都と続く。大阪は男子〇・六、女子〇・五に過ぎない（数値は文部省『学校基本調査報告書』による）。

この数値が示すのは、大都市圏の工業地帯が地方からの労働力を必要としていたこと、意外なことに九州、山陰、四国など西日本からの集団就職者が多かったことを示している。

中学卒の就職者が就いた業種は、昭和四十年当時は、農業を除き男子は製造業、金属機械工業、小売業と続き、女子は製造業、繊維が飛びぬけて多い数値を示している。

大都市圏に住む人たちは、自宅から工場に通えたので集団就職は存在しなかった。また賃金や労働条件の悪い会社ほど、地方出身の就職者を歓迎した。寮に入れ、親元からも遠いので、逃げ出すおそれがないという判断からである。そのため条件のよい求人先は大都会の中学生に提示されたという。

また東北地方と西日本の集団就職の違いは、就職先でも変わる。昭和三十九年度版の『労働白書』では、昭和三十七年の新規学卒者（高校も含む）の就職地域ではこんな差異を示す。

	関東	京浜	東海	愛知	近畿	阪神
東北	一四・〇	七一・三	三・五	五・四	〇・四	〇・七
北九州	〇・六	一二・七	五・〇	四一・七	二・六	二九・八
南九州	〇・四	七・八	一二・〇	三三・七	四・六	三五・七

（単位は％）

東北、北海道からの就職者は東京エリア中心、西日本は愛知、阪神が中心と言えるだろう。この中心地は互いにリンクすることはない。見事なまでに就職先の地域が分かれている。

なぜ出身地域によって就職先の地域差が出るのかと言えば、従来から特定の地域を多く採用した企業は、同郷の従業員を求めるという傾向があった。

岐阜県多治見市で集団就職者を支援した元銀行員は言う。

「たとえば鹿児島だと、親戚が、〝隣の誰誰さんがきちんと働いてるからこの会社は大丈夫だから行きなさい〟と。自然と同じ県の出身者は多くなります。とくに女性は外に出すと心配ですから、地域のつながりを大事にしたのでしょうね」

その歴史が続いてゆくと、企業としても同じ地域に縁もできるので、求人を行うときにも便利だった。もう一点は都市部の職業安定所が従来からパイプのあった地域に、業務の便宜から求人を行う傾向があったこともある。そのため新規企業が、新たな地域から人材を募集しようとしても、すでに特定の企業との就職ルートは決まっていたので、そこに入ってゆくのは難しかった。

阪神で言えば、女子は主に紡績の仕事に従事し、愛知であれば、自動車などの製造業、岐阜だと瀬戸物工場などで働く人たちが多かった。これも仕事内容で見た地域の特性である。

長いまえがきになったが、これらの実態も加味しながら、これまで取り上げられることのほとんどなかった九州、沖縄などの集団就職を明らかにし、金の卵たちの人生の足跡を追うことで、南国から見た戦後史の姿を見つめ、働くことの意味を探りたい。

九州の集団就職の歴史は、東北地方と時期をほぼ同じくしている。県外就職率一位の鹿児島県は、昭和二十六年に始まり、当時は一般の急行列車の車両にまとまって乗っていたが、三十一年から集団就職列車が走るようになった。この形態は昭和四十九年頃まで続いた。

集団就職は昭和五十一年になると沖縄県のみで行われるようになり、翌五十二年から労働省は集団就職を廃止した。[*3]

＊1　じつは集団就職の始まりという記述はもう一つある。昭和二十九年に渋谷区公共職業安定所管内の商店連合会が、新潟県高田市の職業安定所と連携し、多くの求人を行った。翌年三月に夜行列車で一五名が上京した。これが集団就職の始まりという人もいる。集団求人に呼応する集団就職という関係性で集団就職が成り立ったという理由による。しかしこの年以前に集団就職列車が運行されている事実から、始まりという点では違っている。

＊2　昭和二十五年に朝鮮戦争が勃発すると、軍需関連の産業が好景気になった。特需景気とも呼ばれ、「金へん、糸へん」の字がつく産業が潤ったのでこう呼ばれた。金属、製鉄、鉄鋼、紡績、繊維会社が潤った。金へん、糸へん景気とも言われた。

＊3　沖縄県は地元での就職率が低かったため、昭和五十年代になっても内地での就職希望者が多かった。

序章　見送る人たち

集団就職の一番のイメージは、何といっても中学を卒業したばかりの少年少女たちが集団就職列車に乗って旅立つ光景である。駅のホームで親や教師たちと涙を流しながら手を振る姿は今でも写真で見ると心をうつ。旅立つ光景は列車だけではない。島であれば船であるし、バスという形をとる場合もある。その中で都会に行く生徒たちをもっとも心配する一人が教師である。ここでは教え子を見送る教師たちの思いを記してみたい。生徒の旅立ちが教師にとって関係の終わりではない。その後の教え子の人生にも教師たちは関わった。その後大人になった彼らと接してどう感じたのか、そんな率直な思いも語ってもらった。

集団就職列車に乗ってその様子を写したカメラマンもいた。彼には自分がかつて出征した経験と重なって胸が痛んだという。夢中で写真を撮り続けたカメラマンに金の卵はどう映ったのか、ここでは福岡県大牟田市、熊本県天草諸島の見送る教師の思いと、熊本県八代市で集団就職者の出発の光景を取り続けたカメラマンの証言を記したい。

炭鉱の町で見送る教師たち

炭鉱の斜陽のあおりで

集団就職列車は、多くは県庁所在地の駅か、もしくは都道府県の大きな市のある駅から発車した。列車は集団就職者の貸し切りだから、駅前の広場では校長先生や教師たち、友人が見送りに来てくれる。彼らを都会に送り出す教師はどんな気持ちなのだろうか。

昭和三十年代に福岡県大牟田市で中学校の教師をしていた田中弘之は、集団就職する生徒たちを見送り、その後、進路指導の教師とともに生徒たちが就職した会社を見て回った経験があった。関西地方の会社で二〇から三〇社を巡った。

大牟田市は福岡県南部の市で、炭鉱の町である。かつて隆盛を誇った三池炭鉱のあるこの町にも、エネルギー革命で、石炭から石油へと需要も変わり、不況の波が押し寄せていた。

田中はこの当時を回想する。

「大牟田市の集団就職のピークは昭和三十八年だったです。私はこのとき三池炭鉱社宅近くの勝《かっ》立《だち》中学校に勤務していました。私は教師になって八年目でしたね。六割の生徒が炭鉱の子弟で社宅に住んでいました。四割が農家の子どもでしたね」

なぜ、彼らは集団就職をしなければならなかったのか。それはこの地を取り巻く労働争議や炭鉱の不況が要因としてある。

石油に需要が転換されると、たちまち石炭を産出する炭鉱は不況に陥った。かつて「黒ダイヤ」と重宝された石炭産業の斜陽化から逃れる術はなかった。労働者側である組合と経営者側との対立は以前から見られていたが、それが日本全国に注目される労働争議に発展してゆくことになる。その発端は、昭和三十四年に会社側が一二七八人に組合側の反対を押し切って指名解雇を強行したことだ。ここから組合側は無期限ストライキを行った。殺伐とした空気が大牟田の町全体を支配した。

昭和三十八年には三池炭鉱三川坑で炭塵爆発が起こり、死者四五八名、一酸化炭素中毒（CO中毒）患者八三九名を出すという大惨事になった。戦後最悪の労働災害であった。今でもこの被害の後遺症に苦しむ人々がいる。

その中で、炭鉱労働者は職を失い、新卒の子どもたちも地元で就職できなくなった。昭和三十八年度卒の中学生は一クラス五二名で、一二組まであった。生徒たちは昭和二十三年（ベビーブームのとき）の生まれである。各クラスに七〜八名の就職希望者がいた。地元での就職先は殆どなかった。

「三川坑が爆発して、生徒の家族も動揺していました。大牟田に冷たい風が吹きつつありました。社宅の子どもも多かった。三池闘争で子どもの心も不安定になり、大牟田では就職できないこともわかっていたと思います。私は彼らの中学二年、三年を見ていましたから。気苦労もあったと思います。大牟田に就職できないこともわかっていたと思います。彼らはただ家族をどう助けたらいいか、家のために頑張らないといけないという考えだったのだと思います」

田中は、地元紙「有明新報」（平成二十七年四月八日）に当時を思い出して一文を寄せた。

〈私はこの時期になると、昭和三十年代の世相を反映する社会現象であったとはいえ、中学校卒業と同時に親と別れ、まったく見知らぬ関東、関西に就職していった教え子たちのあの日の姿が

西鉄バスで出発風景。福岡県大牟田市笹林公園、昭和39年３月23日（大牟田市提供）

目に浮かび、今なお胸を締め付けられるような思いがしてならない。いわゆる集団就職である〉

中学生は「金の卵」と企業側からは有り難がられたが、日本の高度経済成長で、求人数も増えるようになると「月の石」とさらに評価も上がった。田中は昭和三十年代後半の大牟田市での中学卒の集団就職率は二割に近かったのではないかと述べている。

関西方面に就職する者は大牟田市役所の庁舎の隣の笹林公園に貸し切りバスが来て出発した。当時大牟田市には一一校の中学校があり、分乗して関西へ出発した。

関東方面は大牟田駅から夜行の集団就職列車に乗って旅立った。

「教師も親も、今まで一緒に過ごしてきたのに、炭鉱の不況のために送り出さなければならない辛さは深かったです。〝金の卵〟と呼ばれただけに、企業は親に支度金を渡しているから、本人は枠に縛られて身動きができない。もう彼らは帰って来れないのじゃないかと思いました。苛めもあるんじゃないかと心配しました」

　支度金というのは、企業が人材を確保するために、親にいくばくかの金を渡して、本人を入社させるために使った方法である。企業側と約束した年数を働かなければ支度金を戻さなければならない。子供たちは金で拘束されるから、質に取られたようなものである。入社して事前の労働条件と違っていても自由に転職もできない。そんな企業も一部にはあった。

　そんな事情も知っていただけに、田中はこう綴る。

〈親たちにとって、初めての子どもとの別れはまさに出撃前の特攻隊員を見送るような心境であったに違いない。バスや列車の窓辺で友人たちに励まされ、別れを惜しむ姿には何となく一抹の寂しさと不安が漂っていた〉（「有明新報」）

生徒たちの職場を見て

　昭和三十九年の十二月のことである。校長から田中に一週間の出張命令が出た。子供たちの集団就職先の実情、会社の実態をよく見てきてほしいというものだった。出張者は、生徒指導担当の田中と就職指導の教師の二人である。二人は関東、中京、関西地方の就職先を見て回ることになった。二人は十二月二十二日に大牟田を寝台列車で発った。この年は日本全体が東京オリンピックに湧いた年であった。

　田中たちは三二社を回った。神戸の食肉関係会社、大阪府の伸銅、金網、家具工場などの中小企業、寝屋川市の家具工場、枚方市の金属会社、京都の個人病院、岐阜県多治見市の私鉄鉄道会社、一宮市の毛織会社、愛知県名古屋市の塗装、製綱、紡績会社だった。

実際に足を使って訪問して見学した結果、就職先の八割強は安心できる職場だったが、少々パンフレットの紹介と異なる所もあった。

「中学に来た求人で、大きな鉄工所の写真があったんです。実際に見に行ったら、小さなバケツの修理工場でした。ただびっくりしました。会社の後ろにある大きな工場の写真を写して送っていたんですね。そんな求人をする会社に腹も立ちましたが、そういうところに子供を世話して済まないなという思う気持ちが今でもあります」

田中は報告書に記した。

〈生徒とは雇い主か上司の付き添いで面会をしているので、特に仕事上のことについてはあまり話そうとはしなかった。ただ「楽しくやっています」という声には安堵したものの、真の姿であったかどうかは少々心残りがしないでもなかった〉（「有明新報」）

今、彼の教え子はすでに還暦も過ぎ、古希に近い年齢になった。そのまま関西や関東で生活する人たちも多いという。大牟田で同窓会を開くたび、駆けつけてくれる。そのとき恩師の田中にこう語った。

「そりゃ、事情が許すなら高校に行き、地元に就職して、先生や友達と飲んだり、しゃべったりもしたかった。あれから五十数年。ホームシックにかかったこともありましたが、今思い返してみれば、われわれだけができた貴重な人生経験でした」

このとき田中は、彼らの言葉に安堵した。しかし彼は今のあのときの思いを引きずっている。

自分は教師として教え子を戦場に送ったことと同じような心境なのだと。そんな事情もあって、田中は「集団就職についてはあまり話したくない」とも取材で語った。

彼が書いた「有明新報」に書いた締めの一文が、そのことを如実に物語る。

〈そして、今なお彼らが故郷を後にしたあの時の姿がはっきりと目に浮かんでくる。これも教師の宿命なのであろうか〉

出征兵士を見送る思いだった

天草の歴史と無縁でなく

天草の郷土史家で、画家でもあり、多才な文化人として知られる上中万五郎は、昭和三十五年中学校の教師になった。彼も教師として生徒を就職の場へ送っている。

「天草には企業らしい企業もなく、安定した収入を得るには徒弟制度の下の縁故就職以外は北九州や京阪神に赴くしかないのが普通でした。就職する生徒たちを見送るのは天草では汽船でした。殆どが一名か二名で、熊本市で集結して〝集団〟となるのです。数本のテープを握り締め、共に泣きながらの見送りは出征兵士を送る思いでした」

上中の「出征兵士」という言葉が胸に響く。彼らを見送る多くの教師が同じように感じたように、やはり彼らの行き先は茨の道であることを心配してのものであろう。

からゆきのおばさんと少年（上中万五郎・絵）

同時に集団就職は天草の歴史と無縁ではなく、切っても切れない関係にある。

「天草の大方の人間にとって島外・海外に出ることは江戸期以来一種の夢、希望でした。農家の七〜八割は小作の〝水呑百姓〟でした。貧乏人の子だくさんはふつうです。昭和になってもこの状況は変わりませんでした。私のよく知る近所の〝おばさん〟も子守奉公と店の手伝いとのことで十三歳でジャワ島のバタビア（現ジャカルタ、フィリピンの街）とかに明治三十五年頃に渡りました。そこは娼館でした。半年を待たず〝惚れ薬〟を飲まされて、いつしか〝ショウバイ〟の道に入ったらしいです」

それが昭和の二十年代に入ると、紡績工場の悲劇に変わる。この頃の紡績工場の環境は劣悪だった。天草から就職したものの、結核を患い帰郷して命を落とした娘たちもいた。

上中の姉は昭和九年生まれだが、昭和二十四年に中学を卒業し、紡績会社の面接試験を受けた。農業で鍛えた頑強な体だったが不合格だったという。理由はべたあしであった。べたあしは、疲れやすいからというものだった。

〈この頃はまだ金の卵ではなかったのである〉

と上中は述べる。

どがんかい、仕事はきつかかい

就職できなかった上中の姉は無念の中でさまざまな仕事に就いた。女中奉公、葦や草の刈り、土木作業員、アオノリ採集、パチンコ屋など職種は数えきれなかった。

いわば集団就職前史に位置づけられるエピソードである。

〈この頃より十年後の、十束ひとからげと呼ばれた集団就職も離島の天草にとっては有り難い恩恵にほかならなかったろう〉

上中の出征兵士を見送る、という思いは、実際に彼が職場を訪問したときの思いに重なる。上中によれば、昭和三十五年頃から中学校の進路担当者は様々な企業の職場視察を頻繁に行うようになった。集団就職を求人してくる会社である。

〈テレビ・ラジオの組み立て、靴・ストッキング工場・紡績等々を見て回った。オートメーションなる語がはやった。職場はどこも明るく清潔でスマートであった。しかし、作業風景を見るにつけ作業員の姿が気の毒でならなかった。そこには機械化された人間の姿しかなかった。単純作業を終日喜びや生きがいをもって働けるだろうか。幸せだろうか葛藤した〉

やがて集団就職が本格化すると、紡績工場で働いている教え子たちがお盆に帰って来た。

以下は、上中と紡績工となった教え子とのやりとりである。

上中「どがんかい、仕事はきつかかい」

教え子「いんね（いいえ）わがえん（我が家の）百姓に比べれば楽なもんばな（ものですよ）。えっと（とても）面白うはなかばってん（けれども）」

教え子はさらに続けた。

「天草からは先輩もいっぴゃ（いっぱい）行とらって（行ってるから）、寮は楽しかったばな（楽しかったよ）。すーぐじゃ（じきに）辞めるしい（人）もおらるばってん（おられるけど）、ほがんしい（そんな人）は、町んし（都会育ち）じゃんな」

天草の人たちは辛抱強いという。我慢強さゆえに、雇用者側にも評判がよかった。そのため他の都道府県出身者も郷里を問われると、「天草です」と答える人もいた。そこには自分の出身地を偽り、評判の良い天草と答えるなどの思惑もあったからである。

カメラマンが見た集団就職列車

自身の出征と重なって見えた

集団就職列車の光景を撮影したカメラマンがいる。熊本県八代市在住の麦島勝（全日本写真連盟熊本県本部委員、熊日フォトサークル運営委員）である。彼は昭和二年八代市に生まれた。現在でも矍鑠《かくしゃく》としてレンズを回して、故郷の移り変わりを写真に残している。彼の作品集に『昭和の貌――《あの頃》を撮る』がある。昭和二十年代から四十年代の熊本の街、人、自然、仕事、祭りなどを麦島が克明に捉えた写真集である。とくにシャッターは山中で子守をする子供、家族の昼

見送りに来た同級生たちに別れのあいさつをする就職生たち
（麦島勝撮影、昭和33年４月５日、八代駅八代市立博物館蔵）

寝、質素な食事風景など庶民の生活とその姿に注がれ、作家の前山光則が文章を添え、昭和の庶民史の上でも貴重な冊子になっている。他には球磨川の光景の変遷を映した『川の記憶――球磨川の五十年』などもある。

『昭和の貌――《あの頃》を撮る』の「第六章　高度経済成長の夢」に、麦島の郷里である八代駅、熊本駅、宇土駅から集団就職列車に乗る子供たちの姿が掲載されている。

熊本駅の近くの北岡神社でお祓いを受けるために集まっている生徒たちの写真がある。彼らは制服姿で、女子生徒のおかっぱ頭がまだあどけなさを残している。八代駅前でブラスバンド演奏を受ける子供たちの写真、校長先生や職業安定所の職員から訓辞を受ける姿もある。動き出した列車から身を乗り出して、過ぎ去りつつある郷里を鋭い視線で見据える男子生徒、窓から胸のあたりまで身を乗り出して泣きながら手

列車の中の就職生たち（麦島勝撮影、昭和33年4月5日、八代市立博物館蔵）

を振る女子生徒の表情は胸に迫る。

麦島は集団就職に行く生徒たちを見て、自身の戦争体験と重ね合わせた。それは何なのか。

「私たちの時代は小学校低学年のときに日中戦争が始まっていましたから、学校で勉強もあまりできなかった。出征兵士の家に行って稲刈りとか田んぼの手伝いをやらされていました。勤労動員ばかりでしたね」

彼は熊本工業機械科に進むが、昭和十八年に八幡製鉄所に繰上げ卒業で入社する。

翌昭和十九年、彼の許に赤紙が来た。まだ二十歳ではなかったが、繰り上げ召集だった。

「八幡製鉄所ですから、軍需工場でもありました。そこにも召集が来たから。ふつうは軍需工場には来ないですよ。私は部長に〝そんなに私の成績が悪かったですかと〟文句を言いました。後でわかったことですが、国もせっぱ詰まって召集をしていたんですね」

赤紙が来れば、三日後に、熊本の部隊に入隊しなければならない。彼は急ぎ、郷里の八代市に戻り、家族に別れを告げた。母親は「まだ二十歳にもならんとに。何して学校ば出たばかりの子供を兵隊に取らんといかんのか」と狂ったように泣き叫んだ。

麦島は熊本の連隊に向かうため、八代駅から旅立った。このとき彼は車中から見える竜峰山など九州山地の山々、田んぼの風景を眺めながら考えた。

「八代の山も川もすべての風景も見られんばい、これが最期と思って兵隊に行ったんですよ」

頭上に爆弾も落とされたが、何とか一命をとりとめて、生きて復員することができた。帰還したとき、郷里の姿を再び見ることができた。

「もう見ることはないと思っていましたからね。懐かしくてね。こんなして元気で生きて還ったのだから、故郷の記録を残しておかなければならないと思ったんです。世の中へのお礼奉公のつもりでした。金も使って何でも撮りましたね」

麦島は機械設備や鋼構造物の設計、製作に従事しながら、休日は写真撮影に没頭した。

よその県に負けるなよ

その彼のテーマの流れの中に、集団就職の光景があった。昭和三十三年四月五日に集中して撮影している。彼はこのときを思い出す。

「あの頃の集団就職者は三月か四月に駅に集まるわけですね。とくに四月五日が多かった。県でまとまって熊本駅から行く場合もあったが、そのときは北岡神社に集まるわけです」

八代駅は熊本駅から鹿児島本線を下って、四〇分ほどの場所にある。八代市は熊本第二の市である。人吉市から肥薩線で乗って来る生徒たちも合流する。芦北町など県の南部に住む生徒も八代駅で降りる。そのため、八代駅から集団就職列車が出発することもあった。駅に集合した生徒たちに、校長先生は訓辞した。

「いいかよその県の者に負けるなよ。たまには手紙書けよ」

その励ましの内容は、いつも同じだった。親も心配、親戚も心配する。その中での旅立ちは「兵隊行くのと同じでしょう」（麦島談）ということである。

麦島は、列車に乗って、外からだけでなく、車内も映していた。より生徒の心情がクローズアップされた光景が広がる。

「写真におかっぱ頭の女子の写真がありますが、私も〝ごめんね、ごめんね〟と涙を流しながら撮ったんですよ。男の子は涙は流しませんでしたよ。女子は泣いていましたけどね。男の子は意地のあったとでしょうね。まなざしが鋭かったです。最初は見送りの進学する友人に〝俺の分まで勉強してくれよ〟と言っていましたが、後には〝何でおどんたちが行かんばんとか！〟とか〝成績はあんたより俺の方が良かったつぞ〟と言う者もおったですね」

その光景に麦島は在りし日の自分の出征を重ね合わせていた。自分も十代で郷里を旅立った。そのとき「なぜ自分が」とも思い、列車から故郷の風景を見て「もう二度と見れないのじゃないか」という哀しみがあった。それは集団就職する人たちの心理と驚くほど似ていた。

その不安と戦いながらも、男の子の睨むような目つきの写真は「何か、こやっどんには負けんぞ」という強い意思の表れでもあった。

生徒たちの乗った車両は夜行列車の三等車だった。今でいう普通席である。

「熊本から集団就職した人たちはとても真面目だったと思います。その傾向は県によっても違います。よその県に負けたくない気持ちも強かった。同時に自分たちの評判が悪かったら、次に行く者がつらい思いをしたり、入れなかったりしますからね。熊本県の人はモッコス（へそ曲がり）と言いますが、県民愛は強かったですね」

自分も集団就職列車に乗り込んで、撮影したカメラマン。そこには郷土在住で写真を写す者の気概があった。

第一章

京・阪神で働く——鉄鋼と紡績の街

九州からの集団就職の赴任先は関西と中京が多数を占める。関西は阪神工業地帯があり、多くの若年層の働き手を必要とした。鉄鋼業、石油化学、機械工業など業種もさまざまである。大阪府の南部（泉南地域）では繊維工業がさかんで、紡績工場が多く見られるのが特徴である。兵庫県にも工業地帯は広がりを見せ、とくに尼崎市などの臨海部に化学、金属工場が見られる。主に大阪、兵庫で働く人が多かったが、京都、和歌山にも多く赴任した。

ここでは主に長崎県西海市出身の人たちに集団就職について語ってもらった。一人はタイル職人として独立し、一家をなすまでを、もう一人はいくつかの職種を経験しながら、洋食店を経営するまでの道のりを語ってもらった。ともに集団就職から独立し一国一城の主になった人たちである。

さらに関西地方で特徴的なのは紡績工場である。多くの若い女性が紡績工場で働いたが、ここでは鹿児島県、島根県から紡績工場で働いた女性に語ってもらった。子育てをしながら働いた人もいれば、キャリアも積み後輩の指導を任された人もいる。一方で紡績工場の寮の担当者として彼女たちを見守り支えた職員の立場からも語ってもらった。まだ都会を知らない少女たちの姿は、先輩職員の目にどう映ったのだろうか。彼女たちのふだん表に見せない苦悩や喜びを、寮の職員には心を許していた。そんな絆があった。

タイル職人としての気概

赤いスポーツカーを買うのが夢だった

長崎市の北部に伸びた半島は西彼杵半島《にしそのぎはんとう》と呼ばれる。西を角力灘《すもうなだ》、東側を大村湾に挟まれている。海を越えて北に進めば佐世保市に着く。半島の北部にあるのが西海市である。現在大阪府寝屋川市でタイル職人として働く戸浦陽一は昭和二十三年にこの市で生まれた。

戸浦の実家は半農半漁、六人兄弟姉妹の次男である。上に姉が四人いる。実家は長男が継ぎ、戸浦は昭和四十年に集団就職で大阪に就職した。

彼は寝屋川市にある自宅で、ときに壁に目を向け、遠くなった過去を回想した。

「田舎におってもそう仕事はないやろうし、その時分には中学校出たら就職するのが主流やったからね。高校に行く子は三割おったらええほうですよ。よっぽど頭のいい子か、金持ちの子でないと行けなかった。僕はそんなに成績も良くなかったし（笑）。それに父親が中学三年のときに亡くなったし、母親も喘息が酷くなって入院しましたからね」

小さい時から飯炊きは戸浦の役目だった。殆ど麦の食事だったが、そこに米も混ぜる。ときどき「これくらいはわからないだろう」と米を多めに混ぜると、すぐに親に見つかって叱られた。

中学生になると、兄と二人で夜中は大村湾に漁に出た。底引き網でクルマエビを獲った。彼は苦笑した。

「朝家に戻って学校に行くから、教室ではよう寝てましたよ」

戸浦は中学を出たら、すぐに就職するつもりだった。ところが一年間佐世保市の職業訓練学校に通った。これは父の願いだった。彼にとって父は怖い存在だった。小さい時分に悪さをして牛小屋に入れられたこともある。

「とてもじゃないが話しができなかった」

と彼は述懐する。だが近所では手紙や文章の代筆も頼まれるなど、頼りにされる存在でもあった。父の字はきれいだった。彼が亡くなったとき、担任の教師がお悔やみに来た。このとき教師は戸浦に言った。

「学校での懇談会で、お父さんが君を職業訓練所に行かせてあげたいと言っておられたよ」

このとき戸浦は初めて父の深い思いを知った。彼は父親の意志を継ぐ思いで、もう一年学校に通うことになった。

「よう親父は職業訓練校のことを知っていたなと思いましたよ」

この一年間学校に通った経験が、彼の人生に大きく役立つことになる。

もう一つ父の思い出と言えば、昭和三十九年の東京オリンピックである。

日本で初めてオリンピックが開催されたが、当時テレビは貴重品でどこの家にも置いてなかった。戸浦の住む地区は六〇数軒あったが、そのうちテレビのある家は数軒だった。漁師だと網元くらいのものである。プロレス中継があるときは近所の人たちがテレビのある家に集まって見ていた。このとき父親は病に臥せっていた。父の願いは東京オリンピックの中継を見ることだった。

「親父がどうしてもオリンピックを家で見たいと言ってね。よその家で見るのは大変だからと、買ったんですよ。よく買うだけの金があったなと子供心に不思議だった」

父親は、オリンピックを自宅で見て、その直後五十六歳で亡くなった。

戸浦は佐世保市の職業訓練所を終えると、大阪府堺市のブロック会社に就職が決まった。

故郷を出たのは昭和四十年の三月二十日だった。西海市から船に乗って佐世保まで行く。佐世保駅から職業訓練所の友人と二人で電車に乗った。

「夢はあったんです。夕方に列車は出発するから、それまで佐世保の街を一緒に行く友人と歩いたんです。二人で買い物したなあ。そのときね、ホンダの車を売ってある店があったんです。ウインドウから最新式の赤のスポーツカーが見えてね。二人乗りでした。当時車を持つのは高嶺の花でした。二人で、〝向こうに行ったら一所懸命頑張って、こんな車に乗って帰れるようになろう〟と語り合ったんです。値段はなんぼしたか覚えてませんけどね」

集団就職列車が出発する時は、見送りの人たちがテープを持ってくれた。ただこのときの記憶はあまりないという。ただ他の中学生も交えて駅が混雑していたのを覚えている。

「見送ってもらうときは、男の子でも泣いている者もいましたよ。やがて走り出すと皆も落ち着いていましたが、今度は蒸気機関車の煙が中に入ってこないか心配でした。トンネルに入ると、窓をしめないと煙が入ってきて大変だったんです」

大阪に着いたのが翌朝だった。すぐに大阪市の公会堂に連れて行かれて、集団就職する人たち全員に市長から激励の話があり、記念品にアルバムを贈られた。そこに会社の人が車で迎えに来てくれた。ブルーバードに乗ったのを覚えている。

翌日から仕事だった。最初の三カ月半は見習い期間で給与は日当だった。一日八五〇円だったと記憶する。そこから五〇円を食事代として引かれた。ブロック会社でやったのは、家の間仕切り、塀などにブロックを積む仕事だった。

「勤務時間は、とくに決まってなくて、現場に行けばすぐ仕事です。その日の仕事が終わるまで夜の八時でも、九時でもやった。ブロックで苦労したのは、高いビルになると上まで上げるのが辛かったですね。頭の上の高さまであるブロックを、背中にバナ板を当てて、背負うんです。この格好で四階まで階段で上がります。エレベーターはないですからね」

休みは月に二回、月初めの一日と、十六日である。雨が降れば休みになる。

「雨が降ると嬉しかったなあ。〝雨や、今日は休めるわ〟と言うてね」

やがて見習い期間を過ぎて正社員になった。月給制になり、十五日に給料の半分を貰い、月末に残り半分を貰った。

「最初の給料は殆ど母親に送りました。その後も入院していたから給料の半分は病院に送った。小遣いとして使って欲しかったんです。でも母は自分で使わないで、貯金していました。就職した頃は故郷をよく思い出していたな。それに集団就職してもすぐに帰る人も結構いましたね。ケツ割って（途中で投げ出して）帰る人も多かった。帰るのは体力的なものもあった。ブロック持つのもえらいことだから。幸い僕は百姓仕事で鍛えた体があったからね」

タイル会社に転職

転機は意外に早くやって来た。ブロック会社に一年少しばかりいた頃だった。夏の暑い盛りに彼は現場で働いていた。先輩たちは部屋で昼寝をしていたが、彼は黙々と働いていた。そのときタイル貼りに来ていた親方が目を留めた。

「お前、まじめな子やな。ようやるな。給与なんぼ貰うとるんや」

これがタイル工場の親方からのスカウトだった。タイル業界に転職し、戸浦は二十年以上、この親方について働くことになる。外壁にタイルを貼るのが主な仕事だ。転職した日から見事にタイルを貼ったので、周りの職人は「今入った坊主は初日からタイルを貼っている」と驚かれた。その腕前は会社でも話題になった。これは父のおかげだった。

「じつは中学出て通った職業訓練所でタイル貼りの仕事や左官の仕事も習っていたから、できたんです。職業訓練所に一年行かせてもらったのは、本当に貴重だと思いました」

やがて親方も信頼してくれるようになり、戸浦に現場を任せてくれるようになった。職人の手配なども行った。やがて独立し、自分が親方になって人を使うようになった。

戸浦は就職するとき決めていたのは、三年から五年の間は故郷には帰省しないということだった。自分で一人前に稼ぐまでは郷里には戻らないつもりだったのである。

「といっても就職したばかりの頃はしょっちゅう郷里を思い出していたな。帰省できたのは三年目です。母は病院にいましたが、涙ぐんでいましたね」

二十二歳のとき、当時七〇万円ほどする日産サニーを買った。半年間で金を貯めてようやく手に入れた車だった。彼はサニーに乗って、長崎まで帰った。当時は大阪から三〇時間かかったが、田舎ではまだ車も珍しく、多くの人が見に来てくれた。スポーツカーでは無かったが、郷里を出るときに誓った車で帰りたいという夢を果たすことができたのだった。

「一緒に職業訓練校から行った友人は、仕事は辞めてましたね。一度現場で会ったことがあって、少し話をしましたが」

母親が亡くなったのは、昭和五十年だった。六十歳だった。そろそろ嫁を貰わんとあかんなと言ってくれたが、彼が結婚したのは二十九歳で、母親が亡くなった翌年だった。花嫁の姿を母親に見せることはできなかった。

「私らの若い時はタイルを一枚一枚貼っていたから、ひとつのビルを担当すると、相当時間がかかりました。何もないところに自分で貼りつけていきます。ゼネコンからいろいろ言われ苦労もありますが、仕事が完成すれば、このビルは俺がやったという嬉しさがあります」

子供が育つときには、景気も良かった。給金を貰ったときは、子供に見せもした。

「父ちゃんはこれだけ稼ぐんだぞ」

日本一高いビルの「あべのハルカス」の内装も担当した。ビル内にある百貨店の土間だった。地上六〇階の高さで仕事をしていると、下を走る電車が模型のように見えた。現在も神戸、京都、大阪と仕事があればどこへでも行く。

戸浦は自分の人生を振り返って言う。

「自分の場合はこれでよかったんだと思いますね。今は不況で、やりにくいのはやりにくいですが、今更辞めて、他の仕事する気もないし、自分は最初からタイル一本で行こうと思っていましたから、変える気は全然なかったです。自分の場合、まじめさが理にかなって得したと思います。自分は根っからアホやさかいに真面目さだけでやってきたんですよ。バブルがはじけて仕事がなくなったときも、皆が仕事くれましたからね。本当に助けられた。集団就職の意義は何だろう。日本人はあのとき頑張ってきたということですね」

今も戸浦は親方として職人を使い、仕事に精を出している。

仕送りすることだけを考えていた

父を早く亡くして

京都市四条河原町の大通りから路地に入った一角にしゃれた洋食屋がある。「手作りサラダと洋食の店　辰五郎」という。ステーキにハンバーグ、オムライスなど家庭的な料理をリーズナブルな値段で食べられる店である。じっくりと煮込んだソースで好評のえびクリームコロッケランチは好評で、知る人ぞ知るという店になっている。主人の山内達己は長崎県西海市出身で昭和四十年に瀬川中学を卒業して、集団就職で関西の地を踏んだ。

店のカウンター越しから厨房にいる山内に話を聞いた。カウンターにはたくさんのミニカーが置かれているのが印象的だった。

「うちは母子家庭だから裕福ではなかった。僕は長男で、下に妹が二人いましたからね。進学は経済的に無理でした。それで集団就職で大阪にある音響会社に就職したんです。なぜこの会社を志望したのか、学校にあった案内から選んだんですが、記憶には残っていません」

父親はサラリーマンだったが、彼が小学校一年のときに肺炎で亡くなった。三十五歳の若さだった。そこから経済的に苦しくなった。母親は佐世保市でクリーニングの仕事をして家計を支えた。それだけでなく米軍基地の空母（航空母艦）に積んである廃品回収、生ごみの収集の会社に行くなど必死で働いた。

「その当時佐世保には女手で働くにはそのくらいの仕事しかなかったんですよ」

だが生活保護を受けていたので、生活に様々な制限があった。

「今の生活保護と違うんですよ。電気の使用ワット数も決められていて、その数値を超えると、ブレーカーが落ちるんですから」

夫を亡くしたとき母は三十一歳だった。家には祖父母がいたが、祖父が父親代わりになって山内を育ててくれた。祖父は漁師で一本釣りの名手だった。船に一人で乗って東シナ海や五島列島に出かけて、ブリや鯛を釣る。釣った魚は五島列島の市場に卸した。漁に出かけると一カ月は戻ることはなかった。

ただ祖父は、山内を熱心に教育してくれた。教えで最たるものは、「自分のことをさしおいて人のために尽くしなさい」という教えだった。一本釣りの漁師だから、地道に物事に取り組んだ。大言壮語もない。我慢強い祖父の姿から、山内も人としての生き方を学んだ。

「父が生きていれば、自分の人生も全然違ったものになったでしょうね。勉強ができなくても高校には行けたと思います。でも現実には一カ月何百円の収入で生計を立てなければならない生活でしたから、高校まで行こうと考えたことはありませんでした」

農家の長男であれば、家業を継ぐために地元に残ったが、後は中学卒であれ、高校卒であれ、県外に働く場を求めるという運命が待っていた。

「弁当も麦ごはんです。米も混ぜますが、炊き上がると、麦が自然に上に行くんです。米は下です。母親は弁当に下の米の部分を多く入れてくれて、上の麦を自分で食べていました」

ただおかずは豊富だった。母親が日雇いで佐世保の空母に行ったとき、米軍の水兵たちが食べなかった食糧を基地で安く売っていたからだ。果物の缶詰、ソーセージ、肉とボリュームたっぷりだった。

「貧乏なのに僕は肉食でした」

山内は笑うが、健康優良児となって、中学一年生で身長が一六〇センチに達した。スポーツ万能でスプリンターとして活躍した。走り高跳び、リレー、野球でも注目の的だった。

ただ辛さはあった。学校では学費以外にも実習代などお金を持ってゆかなければならない。茶封筒を渡され、そこに現金を入れる。

「これが子供のときの苦労でした。家に現金がないわけですから、学校に持ってゆけないんです。持ってゆけば先生が受け取りのハンコを押してくれるんですが、持ってゆけないですよね。

いつも忘れましたと言っていたのを思い出します。それが一番つらかったですね。子供でしたが、お金がないことはそういうことなんやと思っていたんです」

それでも修学旅行は母親がお金を借りてくれて、行かせてくれた。靴も新しいものを買ってくれた。熊本、宮崎、鹿児島への二泊三日の旅だった。熊本城や宮崎の青島、桜島を見て回った。一方でクラスには旅行に行けなかった子も何人かいた。

そんな中学時代を送った。故郷を出るときは、母親が佐世保駅まで見送りに来てくれた。「行くときは向上心や一旗上げるといった思いはなかったです。家計を助けることだけでした」

故郷に帰るのは逃げることだと思った

大阪音響の仕事は、東芝のテレビを流れ作業で組み立てる作業だった。ちょうど京都にある着物加工の会社から誘いがあって、半年で転職した。着物の撥水、防水加工する会社は、以前母親が若い時に働いていたこともあって、以前から集団就職の誘いがかかっていた。しかし縁故採用は嫌だと断った経緯があった。その半年後、社長から再び声がかかったのである。

「呉服屋さんから依頼を受けて、着物ができる前の反物《たんもの》に防水加工、撥水加工をするわけです。その前に検品と言って、色などのにじみがないか確認します。加工して乾燥させて、呉服屋さんに納品します。ごく単純な仕事だったですね」

京都には西陣織など着物が多かったが、着物を染める染屋、機織りなど着物関連の産業が盛んだった。これらの仕事は地方からの住み込みの人たちが行っていた。

山内は京都では四人で住み込んで働いた。ご飯は茶碗一杯だったので、お腹が空いてしまう。食事の後に、パン屋さんに行って食パンに買い置きのマヨネーズを塗って食べた。

「それだけは記憶に残っていますね。ご飯が本当に少なかったんです」

大阪での初任給は一万五〇〇〇円だったが、京都に移って一万八〇〇〇円になった。そこから仕送りと貯金をした。

最初の給料で祖父母に折り畳み式の座椅子を買った。京都で購入したが、クッションのついた椅子で、当時は珍しいものだった。

「京都には、僕の中学校から来る人は少なかったですね。女の子が二人、和裁をする工場と酒屋で働いていましたが、すぐに帰りました。僕の場合は人に恵まれていたから続きました」

一番末の妹は、彼の仕送りで大学まで出すことができた。卒業後は京都府立医科大学で看護師を務めていた。彼は集団就職してから郷里に帰りたいと思ったことは一度もない。

「僕は一度も故郷に帰りたいと思ったことはないです。周りの環境に恵まれたし、負けても帰れる所があるのは逃げ道になると思いました。それが弱さにつながると思ったんですね」

母親も昭和五十二年に京都に呼び寄せた。西海市に土地は残っているが、家は取り壊した。親戚づきあいも次第に遠くなった。

「もう郷愁の念もあまりないですよね。子供の時に凄く苦労もしましたからね。そういう思いもあるからでしょうかね」

後になってわかったことがある。山内は十五年ほど毎月三〇〇〇円を母に仕送りしていたが、母親は封筒に貼ってある表書きをすべて保存してくれていた。

「あの頃は小遣いなんて僕には無く、ただ仕送りすることだけを考えていました。母は八十八になりますが、封筒に貼った表書きは今も大事に持っています」

じつは皆も貧乏だった

だが先代の社長も亡くなり、息子の代になったが、そこでどうにも波長が合わずに、仕事を変えた。妹夫婦が料理店を経営することになったので、山内も料理の店を手伝うようになった。このとき二十五歳だった。店舗が増えて、店を任されるようになり、二十六年そこで働き、平成十三年七月に独立した。このとき五十一歳になっていた。

「前にいた店が西洋料理でサラダが美味しかったんですね。ですが景気が悪くなって、四つあった店舗の二つを閉めることになった。それで僕も独立することにしたんです」

「辰五郎」という店は、祖父の名前から取った。

そして今は知る人ぞ知るという通の店になっている。京都市のグルメマップにも案内され、お客さんの評価も絶賛である。山内は妹夫婦と料理の店を始めるとき、包丁も持った経験がなく、一から料理することを覚えた。

「今だと料理をする人は料理学校に通い、ホテルで修業して、多くの技術を学んで成長できます。凄くいいなと思います。自分が食べるために職業を選ぶのでなく、やりたいことを仕事にできるのは幸せなことです。次に生まれ変わったらそんな形で職業を選びたいですね」

カウンターに所狭しと飾られたミニカー。なぜこんなにあるのか。やはり彼もこの時代の若者が夢見るように車を持つことが大きな夢だった。初めて車を購入したのは昭和四十五年で彼が十九歳のときである。年収が一五万のときだった。中古で一八万するホンダの車に乗った。カローラ、サニーが出た時代で、それまでは軽自動車が中心だったが、中型の車も出始めていた頃である。以後車を買い替え、現在は一五台目になった。クラウンを買ったときはツードア、白のボディが斬新だった。さらにドイツ製のアウディに乗り、現在はベンツのオープンカーに乗っている。

一般の大衆車でない車に乗りたい願望があった。

「生活保護を受けていた自分がマイカー時代に乗り遅れることなく、車を持てたことは大変なことだったんだなと思います」

貧しかった、と口にする山内だが、おどろいたのは後年同窓会で皆と話していたら「俺も貧乏だったよ」という言葉が頻繁に出てきたことだった。自分だけが貧乏だったと思っていたが、じつは誰もが同じような思いを抱いていたことに安堵もした。

そんな山内は今の時代をどう捉えているのだろうか。彼は料理の後片付けの手を止めて、考える仕草になった。しばらくは言葉がなかった。やがて思考がまとまったのか、ゆっくりと口を開いた。店の外は小さな路地だが、しゃれた小物の店やクレープの店もあり、カップルの若者たちで賑わっている。

「時代が違うけど、今も昔も若い人は同じ精神状態だったんじゃないかな。いろんな悩みもあっただろうし」

と彼はつぶやいた。山内が十代、二十代の頃は、貧しかったが、頑張れば、その見返りとしていくらでも道が開けた時代ではあった。日本は高度経済成長を右肩上がりで駆け上っていた。豊かな時代になってゆく希望も見えていた。だが今はその希望が見えにくいのが、違いとしてある。

「今はちゃんとした目標に向かって進むという道が見えない気がします。物が豊かになったと思います。それゆえに苦しいことを我慢することなく育ってきた。いろんなものが右から左にあって、いろんな物が買えますからね。昔はどんなに働いても自分の年収の四倍や五倍の車は買えませんでしたからね。でも今はアルバイトをしていても十分車は買えますから」

だから若い人たちには伝えたい。まず仕事の好き嫌いの前に、継続することに意味があると考えて欲しい。そこから人生を切り開いてゆくことにつながる。

「若い人たちにはガンバレですね。自分は小さいながらも店を持てた。故郷に錦を飾ったと母は思っているかもわからんですね。いつも自分で思うのですが、まったく人生に悔いはないですよ。そういう気持ちで今はいるんですよ」

すでに時刻は冬の夕暮れになっていたが、まだ扉の外の歩道は若者たちの笑顔で活気に溢れていた。

鹿児島・島根から就職した乙女たち

「お話しすることは何もありません」

関西に集団就職した女性に、取材依頼をしたら、〈お話しすることはありません。申し訳ありません〉という返事が返って来た。岐阜県に就職した女性は電話で「昔のことは思い出したくない」と言われた。その他にも〈人様にお話するような大した人生でもない〉〈ただ真面目だけが取り柄で周囲の方々に助けて頂きながら一生懸命生きて来ただけです〉という返信もあった。

いずれも人を介しての取材依頼だった。返事がないケースも珍しくなかった。その理由はわからないが、短い文面、言葉の一言に集団就職した人たちの人生模様が垣間見えた。女性は繊維、紡績会社に就職するケースが多かった。大阪では鐘紡、東洋紡、敷島紡績が三大紡績会社として知られていた。そこへ集団就職の少女たちが採用され、業界を支えたのである。彼女たちは「糸へん」の業界を支えたので「糸姫」もしくは「織姫」と呼ばれることもあった。

とくに女性は匿名を条件に取材許可を頂いた。以下に登場する方々は匿名で記したい。

紡績会社でキャリアアップ

A子さんは、昭和二十年、鹿児島県の中央にある隼人町（現・霧島市）に生まれた。彼女は昭和三十六年に隼人中学を卒業して、大阪の大手繊維会社に就職した。六人兄弟姉妹の末っ子だった。両親は農家をしていたが裕福ではなかったので、中学を卒業すると集団就職の道を選んだ。

行先は大阪の紡績会社だったが、そこは大手で試験も難関だった。幸い彼女だけが中学の中で一人だけ合格し、卒業式の二日後に郷里を出発した。隼人という駅から乗車したが、車窓から田んぼに囲まれた自分の家が見えた。そこで家族が「行っておいで！」と声を出しながら、ハンカチを懸命に振っている姿が見えた。彼女も力の限り手を振ってお別れしたのを覚えている。家を見たとき涙が溢れて仕方がなかった。

西鹿児島駅（現・鹿児島中央駅）に着くと、そこから集団就職列車は出発する。駅には就職先の係の男性がいて、県内の同じ就職先の中学生が集められた。川内市などから来た少女もいて総勢十名ほどだった。もちろん彼女にとっては、知らない人ばかりだった。A子は同じ就職先の生徒たちと一緒に席に座った。

「列車は明るいうちに出ました。同じ中学から二人いれば話もできますが、一人じゃ話もできない。不安でずっと泣いていました。列車からは初めて見る景色が続いていたんですが、悲しくて景色を楽しむ気分にはなれなかったです」

当時彼女たちが乗った列車は蒸気機関車に引っ張られるSL列車だった。蒸気機関車は機関士が石炭を燃やして走らせる。そのため煙突から大量の煙を出す。ふだんは外の空気に混ざって消えるが、トンネルだと煙が窓から入ってくる。

やがて係の人が皆にアナウンスした。

入社風景（瀬戸ノベルティ文化保存研究会提供）

「トンネルに入ったら煤で汚れるから、窓を閉めなさい」

大阪まで二四時間かかり、着いたのは昼だった。

会社に着いた夜は、皆大広間に蒲団を敷いて寝たが、寂しくて一晩中泣いていた。

「話し相手もいなくてね。これが一番の思い出です。たぶん就職した皆さんも同じだったと思いますよ。〝私たちは明日からどうなるのだろう〟という不安で一杯でした。その夜の心細いこと、ウトウトとしか眠れなかったですね」

ただ彼女が耐えることができたのは、父親との約束があったからだ。

「うちの父は厳しい人で、〝三年間は絶対に帰って来るな〟と言われたんですよ。そういわれて出てきましたから、どんなに厳しくても三年間は勤めよう、絶対に帰らないぞと決めていました。ですから盆、暮れも三年間は帰りませんでした」

彼女は、結局七年間にわたって勤務した。仕事は厳しいので、同期の人たちは二、三年で辞めて行った。会社は八〇パーセントが九州の人で、うち鹿児島、宮崎がその六割を占めていた。残りの二〇パーセントが、鳥取、島根、長野、東北出身者で、四国からは少なかった。紡績会社だと、女性はある年数いれば、適齢期に達するので、五、六年働けば長いほうになる。

「かなりきつかったですね。働く場所は常に四二度の室温を保っています。夏でも冬でも四二度です。綿から糸を取って紡ぐという仕事です。辞めた方はその暑さに皆耐えられなかったのが理由でした。紡績は工程がいろいろとあって、私の担当は糸を取るという工程です。細い糸が下に流れてきますが、これを切ってつなぎます。専門的には原綿《げんめん》から細い糸になる工程で、肝心なところです。会社で一番大事なところを任されている自負がありました」

ローラに巻き付いてしまうと、取るのに大変な苦労をする。湿度が高いと、体も辛い。綿ぼこりもするので、少女たちの顔もほこりだらけで真っ白になる。いつしか五〇名入社した女性たちも、彼女が七年勤めたときは五、六人に減っていた。

寮では順番に掃除当番もある。長い廊下のある二階建ての雑巾がけもした。長く働くことができたのは、仕事は厳しかったが、寮ではいろんなイベントもあり楽しかったせいもあった。

「自分でも根性はあったと思います。その根性の土台は何かというと自分が働いて家族へ仕送りしなければならないことです。それに私も田舎で苦労しましたから、他人への思いやりや礼儀なども自然にできました。これは実際に苦労をしないと身につきませんね」

食事風景（瀬戸ノベルティ文化保存研究会提供）

寮の食事は麦ごはんに、味噌汁、煮込みなどがあった。栄養はあったが、食べ盛りの年代には物足りないときもある。カレーや野菜サラダの日はごちそうだった。野菜サラダはキュウリ、トマト、リンゴ、レタスで作られていた。

彼女は休日の楽しみも語ってくれた。この当時、大手の会社は、社内に学園を設け、洋裁、和裁、編み物、生け花や礼儀作法、教養の講座を集団就職した人たちのために開講していた。後にNHKの通信講座も行われ、高校卒の資格も得ることができた。これらの教育を二交代制の合間に行っていたのである。今回取材を依頼した人たちから、たびたび手紙を頂いたが、皆が非常に達筆で、文章が的確だった。これは社内の講座で文章講座もあって、鍛えられたからなのだという。

仕事は二交代で、午後一時半から夜の十時まで勤務するパターンが一週間続く。翌週は早朝の五時から午後一時半まで。午後から仕事をするときは、午前中に会社の講座で学ぶ。翌週は朝早くからの仕事になるので、仕事が終わった午後二時から講座があった。休みは日曜日だけで、土曜日は半日ではなく一日勤務だった。

「続けてゆくと少しずつ責任も持たせてくれるんです。これが嬉しかったです。階級が上がると、腕章に水色の線が一本、二本と増えてゆく。組長は今で言う主任ですが、赤一本になる。本数で任される範囲も違います。赤の二本線だと、職場全体を見る立場になります」

彼女は六年目のときに赤の二本線を貰ったから、かなりの昇進である。会社の組合でも代議員に推薦された。寮でも部長をやった。後に退職して子供が生まれてからは、学校のPTAでも役員をやった。

「司会とかやるわけですが、先生に〝私は中学校卒業なんですよ。でも組合で役員やりましたから司会ができるんです〟と言ったらびっくりされまして。組合や寮の部長は大変でしたが、そういう経験が生かされたんですね」

入社した頃の給料は月に二〇〇〇円だった。鹿児島に五〇〇円を仕送りして、五〇〇円を貯金、残りの一〇〇〇円で一カ月を過ごす。ここから衣類代をねん出し、たまには皆でラーメン食べるときもあった。リンゴも皆でお金を出し合って買ったこともある。

「梅田まで出て、歌声喫茶にも行きましたよ。ロシア民謡のトロイカとか、山男の歌とか歌うのも楽しみでした。そういうのがあったから、紡績の仕事が辛くてもやりきれたと思うんです。暑くても頑張ろうとね。当時は未来のことなんて考えていません。ただ仕送りをするために出てきたわけですから」

寮は夜十時まで戻らなければならない。門限を三回守ることができなければ、名前を壁に張り出された。そういう規則に耐えられない人もいつしか職場を去って行った。郷里に帰った人もいれば、行方が分からなくなった人もいた。

ときに蒸発する少女も出てくる。地方から出て来て、まだ純粋だから男に騙されるケースもあった。会社も娘さんを預かっている以上、探しに行ったが行方は分からなかった。

「自分は紡績に向いているだろうか」という迷う後輩たちを諭す役目にもなっていた。

入りたての頃は、先輩の女性から、部屋の掃除が行き届いていないと指導も受けた。それを厳しくも感じた。それだけに自分が先輩の立場になったとき、後輩たちには掃除も大目に見るなど、辛い思いはさせたくないという思いがあった。

「十五、十六歳にしてみればやはり苦労でしょうね。暑い中で必死に働くこともそうでしたしね。私は結婚して寿退職しましたが、家庭に入っても、人を世話したり、人を思う気持ちはこの会社で得たことですね」

苦しいことも辛いこともこの会社があってこそだと彼女は今も思っている。

いい時代だったと思う

同じ会社に勤務したB子さんは、昭和三十五年三月に島根県出雲市から集団就職した。彼女も十五年勤務し、子供を預けながら働いた。会社に綿を運ぶ業者の男性と、知り合って結婚した。結婚・出産後も仕事を続けたが、当時育児をしながら働くことは珍しかった。これも社内に託児所があったので育児と両立ができたのである。

彼女が集団就職した背景には戦争があった。父親は硫黄島で玉砕、爆弾を抱え、敵のいる海に飛び込んだ。父親はまだ幼い彼女の写真を胸に忍ばせ、戦死した。したがって彼女は父親の顔は記憶にない。戦後、白木の箱が送られてきたが、中には何も入ってなかった。

「未だに父の遺骨は海の中なのでしょうね」

と彼女は語る。父の死が、集団就職に向かう理由となった。

彼女は出雲駅から列車に乗った。集団就職列車ではなく、ふつうの夜行列車だった。大阪を選んだのは同じ場所で兄が働いていたからである。

「この会社に決めたのも、まだ十五歳ですから何もわからないわけです。係の先生が選んで勧めてくださいました」

駅には親戚の人が見送りに来てくれたが、このとき別れた思い出は今も忘れることができないと彼女は思っている。

「ありがとうを出雲では〝だんだん〟と言いいます。駅では叔母さんたちに〝だんだん〟ばかり言ってました。汽車に乗る時は心細くてねえ。知った人も三人しかいませんでした」

入社した時は兵庫、鹿児島、宮崎、長崎の人が多かった。同期は大手の企業ということもあり三五〇人ほどいたが、一斉に入社するのではなく、五回に分かれての入社式だった。一緒の部屋になった鹿児島県出身と人とは言葉が通じなかった。鹿児島弁で「電気あけて」と言われ、何のことかと思ったら、電気を点けるという意味だった。しかし次第に互いに方言が混じり合って楽しくなってきた。部屋は六人部屋で、その中の二人に年期の入ったお姉さんがいて、生活面の指導をしてくれた。

仕事は綿をちぎって、糸をほどいて、糸を作るまでの仕事である。細かい作業で、冷房も今のように効いておらず、四〇度の中でほこりまみれになって働いた。

「私たちの地域は、口減らしのために就職するのは当たり前でしたからね。金の卵と言われましたが、私は恵まれていました。上の学校に進んだ人は良かったと思いますよ。でも会社内の学園で洋裁、和裁も習って、嫁ぎ先で縫ったり編んだりできましたからね」

その頃母親が病気になったが、当時は今みたいに電話もかけられない。係の人にお願いして電話を掛けなければならなかった。そのため主な連絡手段は手紙だった。毎晩消灯してから廊下の灯りで母に宛てて手紙を書く。

「本当に細かく書いていました。これが文章を書く習慣に自然につながったんでしょうね」

職場でも機関誌があり、投稿もした。本も好きで、夏目漱石や武者小路実篤も読んだ。そこから文章力も磨かれた。

成人式も、皆、着物を自分で作ることができた。和裁を習っていたから、材料を買って、作った。振袖ではなかったが華やかで嬉しいものだった。成人式は会社がやってくれた。その着物は今、娘が着ている。

「私はいい時代に育ってきたと思います。もっと前の「あゝ野麦峠」や「女工哀史」の頃だと大変だったと思いますけど。あのときとは比べ物にならないくらい恵まれていました」

現在、彼女たちのいた寮は取り壊され、マンションになっている。だが当時を思い返すたびに、懐かしさもあり気持ちが暖かくなってくるのである。

ある集団就職した女性からは、〈ただ夜空を見上げて、星空を見て両親が恋しくてよく泣きました〉という一文を頂いた。また高速道路を見て〈家よりも高い所を車が走っているのを見たときはびっくりして不思議な気持ちで、長時間眺めていた〉とも書かれてあった。地方から都会に出てきた少女の驚きと発見が伝わって来る。

織姫を支える

寄宿舎担当の思い

昭和四十年代、大阪にある大手紡績会社で女子寄宿舎の係をしていた山口睦子は、当時の集団就職した少女たちと接点があった。まだ十五歳で田舎からやってきた彼女たちと山口はどう接したのだろうか。

山口は天草出身で、熊本の大学を卒業して、大阪の大手紡績会社に就職したのは、昭和四十一年だった。彼女は人事課の寮の担当になった。自身も寮に住み、寮生たちの相談に乗ったり、面倒を見る仕事だった。

「その頃はもう集団就職がいっぱいで、毎年のように来ていました」

彼女たちは、すぐに一部屋七〜八人の寮に入る。部屋の構成は古くからいる人、新しい人を一緒にして、世代的に偏らないように工夫した。

「うちの会社は人を大事にするのがモットーでしたから、人気があったんです。だから優秀な子が試験を受けに来ていましたね。とくに天草、鹿児島から来られた人は真面目に働きますから、多く採用されたのだと思います」

彼女も研修で、実際紡績の仕事を体験した。混打綿《こんだめん》といい、積まれた綿から、ちぎって同じ分量の一山にする作業である。次々とベルトコンベアに乗って、綿が運ばれてくる。

「もうくったくったになって、自分には出来ませんでした」

その次に梳綿《りゅうめん》といい、紐くらいの大きさになる。そのあと精紡で細い糸になる。そして仕上げを経て、生地になる。

精紡だと、回転する機械からすぐに糸を取ってつなぐ。熟練した仕事である。これらを慣れた手つきでこなす人たちを凄いとも思った。

「紡績関係と言えば、綿ぼこりは舞うし、高温になりますからね。一時的に高血圧になったりする人もいましたし。もうあんな仕事はしたくないという人もいました。でも気持ちの中でそう思っても、本当にしっかりと耐えて勤めていましたね」

集団就職した少女たちは、五年から一〇年勤めた。退職は結婚するときが多かったが、女性の職場のため、多くはお見合いで決まった。郷里の人と縁ができ地元に戻る人もいた。

道なき道を通って家庭訪問

人事の仕事は、集団就職した少女たちの実家に行き、親御さんに娘さんの近況を伝える役目もあった。鹿児島で行われた父兄会では、当時珍しかったテープレコーダーに少女たちのメッセージを吹き込み、これを持参して食事のときに親に聞かせた。じかに子供の声を聴くことで親は安心した。

家庭訪問をするにしても、中には道なき道を上った丘に家があるところもある。蝮《まむし》が出るのではないかと思いながらも、鹿児島の所員のオートバイの後ろに乗せてもらい、一軒一軒回る。そして親御さんに娘さんの職場での様子を報告した。

「あの人たちは仕事に慣れることは、やはり厳しかったと思います。もう一つは集団生活への不安でしょうね。やはり彼女たちの苦労を思います」

寮に守られていたから、彼女たちに大きな問題は起こらなかったが、それでも夜遅く帰って来る人もいた。そんなときは見つけに行き、一緒にいた男性を面接したこともあった。寮生が病気のときは一週間ほど付き添い病院に泊ったこともある。

ときには疲れて帰って来る少女たちを部屋に呼んで一緒にソーメンを食べたこともある。彼女たちはよく部屋に遊びに来てくれた。

「皆、娯楽に興じるとかあんまりしなかったですね。派手な贅沢もしていません。近所のお好み焼き屋さんに行ったり、工場の前の中華料理屋でラーメン食べるくらいで、梅田まで行くことも滅多になかったですね」

そんな中、彼女たちと一緒に京都まで行ったことがある。楽しくて時間の経つのも忘れ、門限の夜九時に遅れそうになり必死で走ったこともあった。

「彼女たちは貯金もあんまりできなかったですね。貯め込むほど貰ってなかったですからね。私たちは貯金の管理もしました。そのため贅沢するだけの余裕はなかったと思います」

夏は部屋一杯に広がる蚊帳を吊って、彼女たちは寝ていた。この土地は蚊の多いところでもあった。皆頭を突き合わせて寝ていた。ラジオも扇風機もない。冬は炬燵があるだけだった。そんな環境で人間的な絆があり、つながりも深く、姉妹のような関係だった。自然とそんな関係が作られていた。

「あの頃は給料も安くて仕事も厳しくて、寮でもプライベートな部分はなかったですが、会社も大事な人として認めた時代でした。今みたいに組織が人権まで否定する世の中じゃなかったです。人を大事にする会社ですから、私も会社に誇りを持っていました」

山口が思い出すのは昭和三十年代の所得倍増計画だ。まだ天草で小学校生活を送っていた彼女にとって日本はまだ貧しかった。つぎはぎだらけの服を着て、電話も村の名士の所にしかない時代だった。

「池田勇人首相が所得倍増を唱えたとき、夢の様な世界だと思いました。一軒に一台車がある時代にすると言っても、信じられませんでした。まだ私たちは服も着た切り雀で、そんな時代を集団就職した人たちが支えたんですね。今の日本の礎になった人たちですよ。あの人たちの勤勉さ、地方の人特有の真面目さ、そんな彼女たちの働きが、日本の復興を支えたんですね」

山口は彼女たちと身近に接していただけに、なお彼女たちの言葉に出さなかった苦労を思う。その彼女たちの笑顔が走馬灯のように駆け抜ける。

山口は紡績会社で働く彼女たちの写真を見せてくれた。大阪や京都に慰安旅行に行った写真、成人式で着飾っている写真、結婚式の写真もあれば、社内の学園で神妙に生け花やお茶の作法を学んでいる写真もあった。皆、明るく、笑顔で、スキップをするように弾む雰囲気に満ちていた。彼女たちのきらめく若さが確かにあったことを伝えていた。

第二章

中京で働く——繊維と陶器と鉄鋼の町

中京への集団就職の受け皿となったのが、中京工業地帯である。愛知県、岐阜県南部、三重県北部に渡った地域である。他の工業地帯と違うのは、明治時代から製糸、紡績、繊維工業が盛んであったことである。岐阜市、愛知県一宮市には毛織物工業が発達した。愛知県の瀬戸市、常滑市、岐阜県の多治見市、土岐市では江戸時代から尾張藩の保護のため、窯業が盛んで、陶磁器の製造が見られた。これらの基礎作業に、女性の集団就職者は従事した。

同時に他の工業地帯同様、鉄鋼業、石油化学工業も見られ、とくに豊田市では自動車工業が盛んであった。これらの仕事に男性の集団就職者が従事した。

ここで登場するのは次のような人たちである。

熊本県阿蘇郡白水村出身の男性は、多治見市の陶器工場、土岐市の築炉職人、結婚式場の支配人を経て、市会議員になった。何度も絶望に襲われながら打ち克った経験を語ってもらった。長崎県西海市出身の男性は、自動車部品の製造会社に就職し、企画立案の能力に優れ、社長賞を受賞した。現在は鉄鋼会社を営む。仕事を追及する極意、面白さを語ってもらった。

多治見市に集団就職した熊本県出身の女性はかつて盛んだったタイルの町の光景を自身の働く苦労と喜びをもって振り返ってもらった。

熊本県上天草市大矢野町出身の男性は「社長になる」と宣言して島を出た。その向上心から、今では左官のほか、リフォーム、料理店など多角的な経営に力を発揮する社長になった。

瀬戸市の製陶会社で働いた女性は鹿児島県姶良郡湧水町の出身である。九州の人はよく働くという評判のために人にも恵まれ、伸び伸びと働いた経験を語る。宮崎県臼杵郡椎葉村出身の男性は十五歳から働き、勤続五〇年。その歩みから、この道一筋に生きた誇りが伝わった。常陸宮様の前で、働く意義について発表も行った。

そして多治見市の信用金庫で集団就職した人たちを支えた方からの証言も紹介した。「杉の子会」という集団就職者を支える会の担当として、彼らが果たした役割、日常の姿も語ってもらった。中京と言えば自動車会社で有名だ。熊本県出身の男性は、自動車会社で働き、自分の生き方を真剣に見つめることで、自分の道を見つけた。

そんな中京地区で集団就職をした人たちの物語である。

強盗に初任給を奪われる

突然強盗に襲われて

岐阜県多治見市は日本一暑い町である。盆地にあり、住宅が密集しているためか、海風が入らず、緑地も少ないからと言われているがはっきりしない。平成十九年には気温四〇・九度を記録して日本観測史上最高気温を記録した。一方では美濃焼の産地でもあり、その基礎工事は集団就職者によって作られた。現在人口は一一万人をやや超える。

平成二十四年七月に多治見駅に降り立つと、熊本から集団就職をした男性に話を聞いた。現在市会議員として「市井《しせい》の会」の会派に属する古庄修一である。彼は昭和二十一年に熊本県阿蘇郡白水村に生まれた。現在当選二期目、結婚式場などブライダルショップを経営している。このとき六十六歳だった。

白水村は阿蘇山の南側にあり、カルデラと呼ばれる大きな外輪の山に囲まれた村である。現在は近隣の町村と合併して、南阿蘇村となった。白川水源の湧き出るところでもある。本来美しい自然に囲まれたところであるが、平成二十八年四月の熊本大地震によって土砂崩れが起き、一〇〇〇人以上が孤立した。さらには全長二〇〇メートルの阿蘇大橋も陥落、この村にある東海大学の学生のアパートも甚大な被害を受け、二人の学生が死亡した。

この地域は、自然災害に襲われることの多い地域でもあった。火山灰に覆われた土壌だから、どうしても土は脆い。

古庄は昭和三十七年に中学を卒業すると、多治見市の陶器工場に集団就職した。

彼が集団就職で最初に思い出すのは、初めての給料を強盗に奪われたことである。給料日の帰り道、懐のポケットには一万二〇〇〇円が入っていた。彼は寮までの道を自転車で帰っていた。これで阿蘇に住む家族に仕送りもできる。手紙には何と書こうか、ペダルを踏む足も心地よかった。しかし竹藪のある道にさしかかったときだった。向かい側から男が自転車でやって来た。すれ違ったとき、自転車は急に止まった。若い男はすぐに小刀を突き出し、

「金出さんか！」

と脅した。道に人はいない。古庄は怖さで硬直し、言われるままに有り金すべてを渡した。男は金を奪うとすぐに立ち去った。目撃者はいなかった。

「この時間帯は人通りもいないから、男は以前から狙っていたのだと思います」

古庄は言う。警察にも被害届を出したが、事件として取り上げてもらえず、お金が戻って来ることはなかった。

もう一つ苦労したのが、人間関係である。この地域は盆地であるためか、閉鎖的で外部からの人間を忌み嫌う風土があった。

「九州から来た人間をバカにするわけです。お前たちはどうせ中学卒で勉強もしていないだろうと。貧乏人の子供たちだろうと」

これは古庄だけでなく、この土地に集団就職した人たちも語ったことである。同じ九州出身の先輩からも虐められた。生意気だと寮の先輩からいつも殴られた。

「すごく厳しかったです。同じ九州から来たのにどうしてこんなに冷たいのか。もっと暖かく迎えてくれてもいいのになと思ったものです」

大水害が運命を変えた

古庄の運命を変えたのは昭和二十八年六月二十六日に発生した熊本県大水害だった。これは正式には「西日本大水害」と言い、福岡、佐賀、熊本、大分を襲った梅雨前線による大雨だった。

そのため筑後川や白川など九州の主要な川はすべて氾濫した。死者、行方不明者は一〇〇〇人に達した。古庄の住む白水村では、白川が氾濫した。

この大雨で白川の土石流に巻き込まれ、村一番を誇っていた彼の家が全壊流失して、貧乏のどん底に突き落とされてしまった。それまで実家は古くからのお菓子屋として知られていた。煎《せん》餅《べい》、飴《あめ》、らくがんの銘菓「阿蘇の白雪」も売っていたが、それも消え失せた。

「小学校一年のときに水害に遭ったんです。ランドセルも家に置いたまま家が流されてしまった。父も母も姉も流されました。父と姉は木にぶら下がって何とか助かりましたが、母が二キロばかり流されましてねえ。見つかったとき殆ど意識もなかったのですが、息だけはあったのです。奇跡的に一命は取り留めましたが、それから五～六年は寝たきりになりました」

そのため古庄は小学校六年生から、朝のご飯焚きとみそ汁作り、お菓子の配達を毎日しなければならなかった。

彼は中学では剣道部で活躍し三年では主将を務めるほどだった。一〇〇人の部員のトップだったからその腕前が偲ばれる。彼が初段を取ったとき、顧問の教師は言った。

「このとき初段を取ったのは、古庄を含めて県で三人しかいなかったぞ」

高校に進んで、さらに剣道を続けたいと思ったが、兄弟は姉と兄、弟を合わせて五人いる。彼はその四番目。高校へ行くことは叶わなかった。母も病弱の体を無理に起こして、行商に出かけて生活を支えた。成績も進学組の生徒よりも劣っていない。それだけに悔しさは募った。

「この頃は僕の学校でも、六五パーセントは高校に行っていましたよ。僕より成績の悪い子が高校行くと聞いたときは、悔しさもありました。中学も三年になると、進学クラス、就職クラスとかに分けられるわけですよ。僕は就職クラスですが、先生も〝お前らは勉強せんでいいぞ〟と言われるわけです。もうその時点から見放しているんですね」

家でリンゴの箱を机代わりに勉強していたら、「お前は焚き物集めて、風呂を焚かんか」と親に叱られた。生活が精いっぱいで勉強どころではなかった。

「俺はどうしてこんな苦労をしなければならないのか」

古庄は自分の境遇を思って一人で泣いた。

姉も成績優秀で、「将来は学校の教師に」と先生たちも期待をかけていたが、岐阜県多治見市に集団就職した。古庄も姉を頼って多治見市の陶器工場に集団就職をした。

古庄は今でも熊本を離れる光景が目に浮かぶという。昭和三十七年三月二十七日だった。彼は汽車に乗って熊本駅に向かった。熊本駅からは集団就職列車が出ている。父親が熊本駅までついてきてくれたが、母親は最寄り駅の傍にある田んぼから懸命に手を振ってくれた。集団就職列車は夕方四時に出発する。各地域に就職する中学生たちが一斉に乗って、就職先の駅で降りてゆく。岐阜に行く人、愛知に行く人と旗ごとに同じ行先の生徒たちが集まり、固まって列車に乗った。

まず駅前で皆が整列し、激励の挨拶を受けた後、列車に乗り込んだが、一緒について来た親たちも名残惜しく列車の中まで入ってきた。

「駅を出発する時が可哀想でしたね。親も列車の中で涙を流しているし、アナウンスで〝出発します〟と何度も言うけど、降りなくてね。ぎりぎりまで親も傍にいたいのだろうね。男の子も女の子も泣いていましたね。もう気の毒で地獄の一丁目かと思うくらいだった」

肩を寄せ合い泣く様は、「絶望の淵が今ここにある」という印象だった。

集団就職列車は、途中大阪、岐阜、一宮（愛知県一宮市）でその土地に就職する者を降ろし、朝の十時に名古屋駅に着いた。これが終点であった。古庄は名古屋駅で降りた。

だが新しい職場の印象は「口がきつかったですね」と冷めた言葉が返ってきた。

就職して知った過酷な労働

古庄は四〇〇人ほどの規模の陶器会社の工員として就職した。同期は四六名いた。このとき彼の脳裏には、働きながら定時制の高校に通い、剣道も続けたいという思いがあった。そのため通いやすい様に自転車も買った。だがその夢も無残に打ち砕かれた。

「もう窯の中でやる仕事はとても大変できついんですね。十五歳の体にこんな仕事をさせるのは過酷なんじゃないかと思いました。もう仕事が終わると体がへとへとなんです。それでもやはり一生懸命やってしまう。ついに体がもたなくなったんです」

男性は材料運びが主な仕事だった。四畳半ほどの窯で焼成して茶碗を焼く。窯までは六〇メートルほどのトンネルを通らなければならない。そこを重い材料を持って運ぶ。

寮の先輩たちは自分たちの思い通りにならないと、「生意気だ」と言って、古庄を殴った。

定時制高校に入学したかったが学業どころではなかった。体力が持たず、授業料も工面できず断念した。だが仕事は耐えて初めての給料を貰うことができた。しかし前述した追いはぎに襲われすべての有り金をなくしてしまった。

言葉のコンプレックスもあった。熊本弁が抜けず、周囲からバカにされていると思われた。

じつは九州からの集団就職が多かった時期に、多治見市笠原町で殺傷事件が起こった。犯人は九州出身者と言われていたので、この地域では「九州人は乱暴だから結婚するな」と言われていた。笠原町はタイル工場が多くあり、その生産高は日本のトップクラスである。そのため集団就職者も多く受け入れていた。

そんな事情が重なりあって、古庄は半年後に会社を辞めた。今あるだけの貯金をはたいて、熊本に帰省した。周囲の目から逃げるような帰省だった。だが郷里の同級生たちはよそよそしかった。熊本ではガソリンスタンド、トラック助手、工事現場での肉体労働。ツルハシ、スコップを持って働いたが、十代の体ではもたなかった。

彼はこの頃のことを作文に記す。

〈あらゆる困難、きびしさに勝てない自分、そしてざ折してしまった弱々しい姿の自分。生きるということがこんなにまでもむずかしいことなのか〉（古庄修一『私の歩んだ道』）

転職

帰郷して半年後、再び職を求めて岐阜に戻った。昭和三十八年一月六日、雪が舞う日に古庄は急行列車で再び熊本駅を発った。前回と違い、今回は誰も見送る人はいなかった。

翌日、岐阜に着いた。一五センチも雪が積もっていた。バスも遅れたため、田んぼにある小屋で夜を明かした。古庄が選んだ仕事は呉服屋の住み込み店員だった。

十七歳で普通自動車免許を取って、当時人気のあったダイハツのミゼットというオート三輪トラックに乗って営業した。

だが住み込みは家族にも気をつかう。食事は家族と一緒に食べる。だが小僧の彼は家族に見張られ、腹いっぱい食べることができない。一番最後に風呂に入るが、湯船に残った湯はわずかであった。こっそりと銭湯に通ったが、それが店の家族にばれて叱責された。店の家族に年下の娘がいたが、彼女からは「小僧」と呼ばれ、唾を顔にかけられた。

やがて店は不況のあおりを受けて、古庄は転職を余儀なくされた。彼は再び陶器工場で働くことになった。その後仕事を七回ほど変えた。仕事の単調さ、将来の仕事への不安などが主な理由だった。京都に行き、小型ダンプの運転手と肉体労働、パン屋の運転手もやった。だが様々な事情で長続きしない。この頃の彼にはどのような思いがあったのか。

「自分は集団就職者だ、中卒なんだ」

そんな劣等感にさいなまれる日々だった。自殺も考えた。彼は手記にこう記している。

〈古庄は？　九州の人間は？　等々かげ口が聞こえてくる。口々に冷たく視線をあびる。…もう社会に生きる自信を完全に失っていた。中卒後七度も転々としていたことで言われても当然である。…だが社会に対して異常なまでの不信をもっていた…一層みじめな自分、あらゆるものに自信を失った集団就職の最悪のケースとなっていく。それを自分がやっているのか、少しは恥ずかしめといわれるようであった。何をやってもうまく行かない。仕事も一カ月二カ月と休んで自信喪失、自殺のことばかり考える日が続いた。〉(『私の歩んだ道』)

集団就職者が脱落してゆくのは、転職を繰り返すというパターンである。実際に就職してみて、事前に聞いていた労働条件と違った、会社が今で言うブラック企業であった、仕事の他にもよそから来る者への冷たさ、これらが絡み合って、いつしか職場から姿を消してしまう。やがて同級生の口に話題がのぼらなくなる。女性であれば、大人の男性に誘惑され、夜の世界に消えてゆくというケースもある。

集団就職者は転職をしようにも、職を探すたびに高卒以上という制限がかけられ、仕事に就くにも選ぶ範囲が狭くなり、転職するのも想像以上に大変であった。

だが古庄は負けなかった。彼には自殺を踏みとどまる勇気があった。彼は当時を回想する。

「僕が十六歳だとすると、友人は高校に行っているわけです。十八歳になったら、彼らは大学生になっている。そのとき古庄、お前はどうしているのだ、そんなことを思っていました。だから一日一日を無駄にしたらいけない。今やっている仕事に全力投球をすると道は開ける。きっと誰かが見ていてくれ、チャンスが生まれると信じていました」

彼が次に選んだ仕事は岐阜県土岐市の築炉職人見習いだった。レンガを積んで窯を作る仕事だった。日給は八〇〇円。この地域は美濃焼の産地でもあり、陶器会社、タイル会社も多いので、陶器やタイルを焼く窯は必要だった。

古庄はこのとき二十歳になっていた。昭和四十一年八月のことだった。人が一人前になるには四年かかるなら、自分は二年で到達したい。そんな負けん気がもたげてきた。毎朝五時に起きて、一人作業場に行って、モルタルをこねるコテの使い方、レンガの積み方の練習を行った。築炉の仕事では二年間は見習い期間で、コテを持たせてもらえない。そのためひそかに訓練していたのだ。それでも先輩職人から見つかると、積み上げたレンガを足蹴りにされた。

だが一人で黙々と訓練する姿を親方が見ていてくれ、三カ月目のとき「コテを使い、レンガを積むように」と言ってくれた。やり直しも多かったが、次第に上手くなると一日一日が充実してゆくのを感じた。古庄はこのときの心境を綴っている。

〈今日、窯業界というだけで専門の分野にたずさわらない人は離れて都市へ都市へと働きにいく青年が多く、地場産業に誇りをもって働く人が余りにも少なく残念に思います。しかし、私にはこの築炉でやりとげなければならない使命があると思います。それは、古くから陶器とともに生きてきたこの地にあって、焼成する窯は生命体であり、その窯を私が築いているという、この喜びは他に求めることはできないのです〉（『私の歩んだ道』）

結婚式場支配人から市会議員へ

古庄は辛い時は同じ熊本県の匂いを求めて、虎渓山《こけいざん》に登ることもあった。山頂には臨済宗の永保寺というお寺がある。その傍に虎渓公園があって、展望台があった。多治見市は盆地だから、地形が熊本にある人吉市に似ていた。

「人吉に似ているなと思ったんです。眺めて思ったものです。町の家の灯りを見てね、すばらしい光景だなと。田舎を思い出しながら、でもこの地で頑張るぞと決意しました」

夜、ひそかに文章の修行もし、「勤労青少年作文」に寸暇を見つけて書いた作文を応募した。「築炉に生きる」というタイトルの作品は、昭和四十五年の岐阜県主催の「勤労青少年作文募集」の一等となり県知事賞を受賞した。以後、彼は積極的に自分の思いを文章に託してゆく。翌年彼は両親をハワイ旅行へ招待した。古庄、二十六歳のときだった。

昭和四十六年には、NHK青年の主張全国コンクールでも入賞、ここで彼は、「私は九州から出てきた青年だが、将来は東濃地方でなくてはならない人になります」と主張した。

昭和五十年に岐阜県主催「明るい社会づくり推進運動論文」に応募し、最優秀賞を受賞した。

「こんな自分でもやればできると自信がつきました。そしてペンで勝つことも大事だなと思ったのです。ペンの力は凄いですよ」

だがようやく職人として生きてゆく自信ができたものの、ドルショックのため窯業界の不況で会社は倒産、再び路頭に迷うことになった。

このとき彼は結婚もし、二歳の子供もいた。二カ月後、彼が選んだ道は従業員七名の日東建材工業という小さな会社だった。建築材料資材の販売が古庄の仕事になった。営業職は初めての体験だったが、これが水に合って、三年間で二五〇社を新規開拓した。その後も北海道から鹿児島まで回り、五〇〇社からコンテナを次々と買ってもらった。これで力がついた。

「自分は高校も出ていないし、何でお客様の信用を得るかと考えたわけです。人の輪で自分をアピールするにはどうしたらいいのかと考えもしました。それにはまず人を立てて、人のために自分ができることは何かと思うようになったんです。その一念で頑張ってきました」

このときある先輩が助言した。

「古庄君は学校に行ってないけど、雑学を勉強したらいいよ。いろんなところから言葉を拾い出すと、後で生きるよ」

新聞で目にとまった言葉や文言をメモに書き留め、雑学帳を作った。すでに何冊もの分量になった。これが仕事相手との話題に生きて、そこから親しくなるきっかけができて、懐に飛び込むことができた。

古庄は三十三歳のとき、自分は人の世話をしたいのだ、という人生の目標が見えてきた。総合結婚式場高砂殿の支配人になった。結婚式の司会も一日に四組務めた。

四十五歳で独立。総合ブライダルセンター「ブライダル21」を設立した。お見合いパーティも企画し、一二年間で三五〇組のカップルが成立した。貸衣装も扱い、司会も八〇〇組務めた。名司会者と言われたのは、雑学帳のおかげだった。書き留めた言葉をさりげなく司会で使うと、来場者から喝采を浴びた。

「その後も七転八倒の苦しみは何度もありましたよ。そのたびに日記に書くことで自分を冷静に見るようにしました」

剣道も続け、五十八歳で岐阜県剣道選手権大会二段の部で三位入賞。翌年も三位になった。

平成二十三年、古庄は多治見市の市会議員に立候補を決意する。人の為に尽くしたいという思いを議員になって、さらに広げたいと考えたのだ。

「一度自分を賭けてみたいところもありまして。千載一遇の機会だと思ったのです。お金もいるけどねえ。他の議員さんは鉄砲で勝負なら、自分は竹やりで戦おうという覚悟でした」

新人の場合は団体などの組織票もあって後ろから押されて出るのが普通である。ところが古庄は自ら手を挙げて、出馬を決めた。しかも新人としては無理がある六十四歳である。

以前から、市会議員になる意志はあったのだが、身内や仲間に賛成してもらえず、ようやく整ったから出馬を決めたのだという。

結果は下から三番目での当選だった。同時に青年の主張で、皆に伝えた「自分は東濃でなくてはならぬ人になる」という決意を市会議員として実現した。

地元の信用金庫で若き日の古庄と関わった土本英雄はこう述べる。

「九州の皆さんを代表され、市会議員として代弁者として活躍されている。議会で傍聴していますが、本当に素晴らしい質問をされるので感銘しています」

土本は彼を「志を立てて、目標に向かった努力の人」と評する。

古庄も七十歳近くなり、二期目の当選も果たして、自分の来し方をぼんやりと振り返った。

「最後は世の中にどう貢献したか、どんな仕事を残したかになると思うんですね」

そう呟きながら、何とか頑張ってこられた理由を彼の特技の剣道に例えて語った。小手だけは負けないという技術を持てば、それだけで試合に勝ってゆける。まず特技を持つということだ。それが生きて行ける秘訣に繋がる。

そんな折、平成二十八年四月に故郷の熊本を大地震が襲った。実家のある南阿蘇村も大打撃を受けた。実家は無事だったが、同級生の家は倒壊した。五月に古庄は二トントラックに救援物資を積み、多治見の名産品、菓子なども用意して駆けつけたが、すさまじさに息をのむばかりだった。しかも同じ村でも被害が酷い地域へは見舞いにも行けない状況だった。

「もう現実に唖然としました。変わり果てた姿でした。自然の非情な災害は怖い」

そう呟くしかなかった。多治見市長の配慮で多治見で集めた募金も村に届けられた。これからも議員たちで何度も訪れる予定だ。それでも、と古庄は前を向く。自分にできる限りのことはやってゆきたいと思う。市会議員としての役割も年々重くなる。

「今でも学校を出ていないというコンプレックスがしっかりと頭にあります。その現実でどう自分は生きて行けるのか考えることですね。私は自分がやった分野では人に負けたくないという気持ちがありました。その中で常に上の目標を持ってこうなりたいと、自分の羅針盤を持って頑張ってきました。不思議なことにその通りになるんです。ボロボロになっても若い時は肥やしになりますから、どんな時代になろうとも乗り切ってゆける力を持つことです。そのためにはどんなときでも手を抜かない、一生懸命やる、ぼさっとした日を持たずに時間を惜しまないことですね」

「常に今が出発」という言葉が彼の原点である。

何かわからんけど一旗あげたい気持ちがあった

室蘭の製鉄会社に行きたかった

現在、自身で山本精工株式会社を経営する山本久志は、故郷の長崎県西海市の観光大使も務めている。郷里に対する愛着は強い。経営する会社は自動車部品の二次加工仕上げを行う。彼は昭和二十四年に生まれた。東シナ海に突き出た西彼杵半島の先に村はあった。昭和四十年に瀬川中学を卒業すると、集団就職で岐阜県羽島市の精工会社に就職した。昭和三十五年に創業した自動車のタイヤの部品を作る会社だった。

山本は六人兄弟の五男である。父親は大工だったが、当時高校に行けたのは跡取りの長男だけだった。彼は中学校の合同説明会で求人先を見た。パンフレットが山のように来ていた。

「〝山本君、どこに行きたいんだ？〟と先生に聞かれても、どこがいいのかも、何をやりたいのかもわからない。親に〝どこ行ってもええか〟と聞いたら、ええと言うから、北海道の室蘭市に行きたいと言った。室蘭の製鉄は有名で日本一だったからね。でも求人がなかった。それで岐阜に行った。岐阜がどこにあるのかも知らなかった」

就職した会社は、自動車のタイヤの部品であるビードワイヤーを製造する。タイヤの周りに耳が出ているが、そこにワイヤーが入っており、それを作るのである。

就職するときは、まず船で佐世保まで行った。港では同窓生が校歌を歌ってくれた。親戚の人も来て、万歳して、紙テープを投げると、渡し船みたいな小さな船で出航した。両親も一緒だった。佐世保駅まで二時間くらい乗ったと記憶する。駅からの乗車は夕方だから、最後の別れだということで、佐世保市内を両親とバスで回った。動植物園で握り飯を食べた。別れるときに父が三〇〇〇円くれた。少年にとっては大金だった。

佐世保駅には就職担当の先生が来て、「よその県の者に負けるな」と檄を飛ばした。よその中学校生も、そこの先生から「皆に負けるなよ。こやっどん（こいつら）にも負けるなよ」と言われていたのがおかしかった。そのときの気持ちを回想する。

「故郷を離れるときは、何かわからないけど旗を上げようという気持ちはあったね」

そう決意したものの、集団就職列車では寝ることができなかった。蒸気機関車の煙が入らぬよう窓を閉めているから息苦しい。かと言って窓を開けると煙が入ってくる。トンネルでは窓を閉めても煙が入って来た。しかも石炭の臭いがきつかった。そんな中で一緒に乗った生徒たちとは和気あいあいになった。だが乗車して四、五時間経った頃、アナウンスで〝関門海峡トンネルに入ります〟と流されたとき、皆静かになってしまった。九州とお別れかという気持ちが改めて実感されたからである。しかし朝になったら皆元気を取り戻して岐阜に着いた。

山本が入社した昭和四十年四月の新入社員は、五〇名余りいた。その中核となったのが、中学卒の集団就職者だった。中学卒が四五名だった。

その多くが熊本県下益城郡、宇土郡（以上現・宇城市）、宇土市で占められ、長崎県では松浦市、西彼杵郡が多い。鹿児島県出水市が一名おり、熊本県がもっとも多く、次に長崎で、この二県、しかも県の中でも一定の地域に集中していることは興味深い。求人開拓でこれらの地域にパイプがあったのだろう。翌年は熊本県だと天草、水俣、佐賀県多久市、宮崎県も入り、北海道の夕張市、旭川市、山形、青森、福井、島根の各県、地元に近い岐阜県、愛知県、三重県名張市出身も見られる。高校卒の比重も多くなっていく。当時高校卒は集団就職の形をとらずに、単身で赴任した。

社長賞に選ばれる

岐阜に来て戸惑ったのは、仕事そのものより、生活習慣だった。まず言葉が分からない。食事の味噌汁は赤味噌だった。「白米に赤味噌は合わなかった」と彼は苦笑する。山本は郷里を出たら三年は故郷には戻らないと決めていた。それは彼なりの新境地で頑張るという思いだったが、一年半経つと母の顔を見たくなって、お盆に三十時間汽車に揺られて帰った。ただし岐阜に戻るときはつらかった。そんな思い出がある。

「僕はわりかし機械をいじるのが好きでね。仕事はさほど苦労はなかった。いろいろと機械を直すのが得意だったからね」

彼は腕前を認められて一年で班長になった。一年目の給料は三七〇〇円ほどで、二年目に倍になった。

「僕らは低賃金でも何一つ文句を言わずやってきた。六人でラインを組んでやるわけです。隣のチームに負けるなと頑張る。一本でも多く作ろうと思う。一日のノルマが部品を一〇〇本作るならば、僕らが一二〇本作ると、その二〇本分は報奨金として会社は現金でくれました。やればやるほどお金を貰えるから楽しかったですね」

二年目になると早番、遅番のとき空き時間を使って、近くの鉄工所に行き、仕事を習った。彼なりにいずれは独立して工場を構えたいと思っていたためだ。

「考えることが本当に好きでねえ」

と山本は語る。会社でプレスの型を改造したことがあった。機械で自動化して作るのだが、これは社内で高く評価され、社長賞に選ばれ五万円を貰った。ただし自動化したことで、機械に一人の社員が就く必要はなくなり、今までの担当者からは恨みを買った。

「自分はどこへ行けばいいんだ、自分の部署がなくなった」

その人は別の部署に行って辞めずに済んだが、やっかみも多く、次第に組織で働くより、独立した方が自分の長所を生かせると考えるようになった。

「やっぱ何事もほどほどにやらんといけませんね」

彼は苦笑した。

仕事は順調でも、人間関係のわずらわしさに悩まされる。そんな彼を支えたのが、その後妻になる俊子だった。

「僕は女房がいたから踏ん張れた」

俊子は、山本の三年後輩になる。熊本県水俣市から高校を卒業して、同じ会社に入った。集団就職ではなく、彼女は働きながら短大に通っていた。

当時の名前は佐々木俊子。彼女は早番専門で、仕事が終われば短大に行く毎日だった。ちょうど山本は車の免許を取ったばかりで、短大まで送ったことがあり、そこから親しくなった。彼女も短大を卒業し、幼稚園教諭の免許を取得した。

ここに昭和四十四年に山本が社内報に書いた一文がある。彼の仕事に取り組む姿勢がよく表れている。山本はこのとき三課単線という部署にいた。

〈毎日なにも考えず生活するより絶えずなにかを求め、なにかを改善する生活は、もっとも意義ある生活だと思います。この改善提案を用いて仕事に張りが出て、たえず問題意識をもつようになりました。いつか〇〇課長さんが、巻頭のことばとして述べてみえた、三ム（無理・無駄・むら）をなくする運動、そして良い製品を楽に速く作るという意味において、この改善提案は大変いいことだと思います。

これからも仕事や、日常生活に改善という問題を、いつも頭において張りのある毎日をすごしていきたいと思っています〉（昭和四十四年八月十日発行「不二」）。

人のつながりに助けられて

山本は勤務の傍ら、鉄工所の仕事もしていたが、二十二歳で結婚したときに、独立して鉄工所を経営した。このとき家も工場もなかった。そこで一軒家を借りて、そこに機械を一台置いた。六畳一間、台所は三畳。隣に細長い空き地があったから、見よう見まねでトタンを張って工場にした。彼は大工の息子だから建物を作るのは得手だった。

一三年ほどそこにいて、土地を求めて、本格的な工場を作ることにした。三十三歳のときだった。しかし信用がないということで銀行はお金を貸し渋った。

「九州から出て来て、このままやっていてもあかん」

と銀行の次長を説得した。貯金は一〇〇万円もなかったが、住まいはいらないから、土地と工場を建てたいという熱意を前面に出した。すると次長も理解してくれ工場を建てることができた。

現在、工場では金属加工の量産をしている。機械は二〇台ほどあるが、一〇〇〇万円の機械が一台、五〇〇万円の機械が一七台ある。稼いだら設備投資、儲かっても儲かっても機械に投資。そういうサイクルの中で頑張って、会社が出来て五〇年を迎えた。

「十五歳で集団就職で出て来て、私みたいに独立してやる人はここらではいません。なぜできたかというと、人とのつながりですよ。本当にいい付き合いがあったからなんですよ」

今はパート一人の家族経営だが、まだまだ諦めるわけにはゆかない。常に上を目指して頑張る気持ちに変わりはない。その原点は集団就職した際に思った「旗を上げたい」という気持ちである。その思いを土台に山本は工場で機械に向き合っている。

タイルの町で

右も左もわからずに

岐阜県多治見市笠原町はタイル工場の多い街だ。平成十八年に多治見市に合併されたが、古くから美濃焼など陶磁器の町として知られていた。戦後はタイルの生産に力を入れ、タイル工場が町の工場の過半数を占めた。とくに秀でていたのが、モザイクタイルであった。

ここで多治見市の集団就職について触れる。

昭和三十年頃から、多治見市の窯業界は多くの労働力を必要とし、その求人先を県外、とくに九州に求めた。多治見公共職業安定所とタイアップして、三十三年から二年続けて年間二〇〇〇名の受け入れに成功した。以後も一〇〇〇名以上の若者が就職している。笠原町ではモザイクタイルのトンネル窯増設に忙しく、ピーク時は県外からの労働者およびその家族で四五〇〇人を占め、町の人口の三分の一に達した。

主に笠原地区のタイル会社が多かったが、その中で久松製陶の人気がもっとも高かった。そのため優秀な生徒が多く集まった。

集団就職した少年少女たちは、二交代、一交代と勤務体系も様々だった。早朝から勤務の場合、朝五時に起床ベルが鳴る。彼らは五分間で蒲団をたたみ、着替え、洗顔をして正座して、監視の人が来るのを待った。中には時間を節約するために、作業着で寝る人もいた。洗顔も水で洗わずに手で目ヤニをとるだけ。積み上げた蒲団もはみ出していると、監視に来た先輩が、積み上げた蒲団を倒してやり直しを命じた。だが二日もすれば、これらの作業もできるようになった。

起床ベルが鳴って五分という臨戦態勢は、海軍などの軍隊での寝起き生活を連想させる。昭和三十五年の陶磁器関係最低賃金は十八歳未満で一日二一〇円だった
昭和六十年代になると、大手の陶磁器関係の会社の廃業も見られるようになった。円高で業績悪化、円レートの回復ができないのが原因だといわれたが、その衝撃は地域でも大きかった。

現在でも減ったとはいえ、それでも笠原地区がタイル生産高は日本一であることに変わりはな

い。隆盛を極めた頃、タイル工場へは多くの集団就職者がやって来た。

A子さんも、その一人である。彼女は昭和十九年に熊本県菊池郡に生まれた。中学卒業後、集団就職でこの地で働くようになった。現在は、主婦として幸せな生活を送っている。就職する頃から当時の笠原の繁栄までもうかがった。

彼女は本来は進学希望であったが、父親が仕事を失ってしまったので、中学を卒業したら働かなければならなくなった。家は六人兄弟姉妹。兄が二人いる彼女は必要な働き手だった。

「私は中学一年までは上の学校に行く予定だったのよ。だけど、父が酒を飲むわ喧嘩はするわで、仕事を辞めてしまい、そこから私の人生は変わってしまった」

彼女はそう語ると、俯くように床の畳を見た。

もう進学ができないと自分の運命を知ったとき、死にたいと心底思った。家の井戸で水を汲みながら、この中に飛び降りてしまいたいと考えた。

「父は外面はいいのよ。でも酒を飲むと癖が悪くなる。暴れるのを止めるのは母よりも私でした。親のために上の学校に行けない。でも自分が死んだらこの井戸の水を二度と使う事はできないものねと思いもしました」

そんなことを言い聞かせて自殺を踏みとどまる毎日だった。

「中学卒というコンプレックスがあって、いまだにあのとき上の学校に行っていれば人生が変わったと思っています。だから忘れられないものがあるんです」

昭和三十五年と言えば、日本が高度経済成長に突入した時代である。企業からの求人数は一気に増えたが、中学生だった彼女には何が合っているのかわからなかった。どこの会社も大きくなったので、働き手である「金の卵」はどこも必要としていた。だが彼女は言う。

「確かに〝金の卵〟とは言いましたが、少し違うのよ。とにかくね、働きさえすればいい、頭数を揃えればそれでいいという感じでした」

中学時代に企業から求人が来る。今のような就職情報誌もない。学校の教師もきちんと説明してくれない。生徒を一定数割り当てるように「ここに行け」だった。A子自身、何が何だか分からなかった。タイル工場に行くように言われたが、タイルが何なのかわからなかった。行かされたという感じだった。

「十五歳で、まだ右も左もわからずに、かわいいときでしょう。外国に売り飛ばされる感じですよ。行ったらまず連絡だってつきませんからね。電話もない時代でしたから」

三月三十日の昼に熊本を出て、翌日の昼に多治見駅に着いた。集団就職列車に乗った感想は「悲しいったらありゃあせん」だった。

「とくに女の子はよく泣くのよ。ぐちゃぐちゃになるのよ」

ただ、とそこまで言って彼女は堪えきれずに苦笑した。熊本駅の次の駅の上熊本駅に着いたときである。五色のテープを握り締めて泣いていた彼女たちは、瞬時に表情が変わった。

「皆、ケロッとしているのよ。さっきの涙は何だったのと思いましたよ」

そして多治見駅に着くと、また泣き出した。

「一生ここにおらんといけんのね」

という郷里を思っての涙だった。

このとき移動証明書を持参した。その裏に米穀通帳がついていた。米穀通帳とは米穀配給通帳と言い、戦前から戦後まで米の配給を受けるために発行されていた通帳であった。これは市町村長の公印が捺印されていたので、身分証明書の役割も果たしていた。そのため移動の際には、米穀通帳を持ち歩いたのである。昭和五十六年に食糧管理法の改正で通帳は廃止された。

真っ白な埃

タイル工場では寮が人数分用意されていなかったので、八畳に八人が押し込まれるように入れられた。押入れも人数分がなかったので、二人で一つの押入れを使った。荷物はすべて入らないから、大きな籠を買って、積み重ねて置いた。

風呂はないので、会社がお金を出してくれて、銭湯に行く。歩くには遠いので、トラックの荷台に乗せてもらった。タイルは現在のようにビルの外に貼るものではなく、モザイクタイルと言ってトイレや風呂場に貼る小さいものを作っていた。会社は百人程度の従業員がいて、社長も三十代と若かった。初めての給料は寮費などを引かれて、手取りは三〇〇〇円だった。

「あのときは夢も何もないのよね。それこそ何で来たのかしらと思うくらいで。何かをしたいということでもないし。熊本では当時仕事がなかったから、貧乏な家は食い扶持を減らすため、働きに出るしかなかった。成績が上位の子でも高校に行けない子はいっぱいいました」

彼女は工場の様子を思い浮かべる。

「すごい埃でした。当時は埃があっても体に悪いと聞いていないですから。タイルにかける色で、私も真っ白になりました。釉薬という粉と薬ですね。まつ毛も髪の毛も真っ白です」

塵肺という病気があることを彼女は知らなかった。この症状は職業性肺疾患とも呼ばれ、鉱山の炭坑、陶磁器製造の工場で多く見られる職業性疾患である。近年問題になっているアスベスト（石綿）もその要因の一つである。咳、痰、息切れ、動悸などを引き起こす。

彼女も数年後、レントゲン検査で塵肺と診断された。塵肺の診断は重度から四段階ある。四が最高値だが、彼女は二だった。酷い人は酸素吸入器を引っ張って生活しなければならない。

「肺の中が砂を散りばめたみたいになるんですよ。だから治療してどうするとかできなくてね。長いことこの地にいる人はなってしまうんです。二から三の人はたくさんいます」

彼女は自覚症状は無かったが、年を取ってから息がきついかなと感じたり、風邪をひいたとき症状が出たりした。

「健康診断で毎年引っかかりますが、なった以上は仕方がないという感じです」

仕事自体はそんなにつらくはなかったが、埃だけは嫌だった。

就職してすぐ辞めた子もいる。まだ十五歳の彼女たちは環境に慣れなかったのだ。彼女たちがその後、どうなったのか知る術はない。

一方で楽しい思い出もあった。当時は秋田からも集団就職で来ていたので、互いに方言の言い合いっこをしたこともある。北と南、まったくの対極の訛りは話すだけで可笑しかった。

「ズーズー弁がわからなくてね、かえって遠くの方が仲良くできるわね」

就職して初めての正月だった。この年、父親がバイクに二人乗りしていて、電柱に激突して死亡した。このとき彼女は笠原町にいたが、「チチキトク」の電報を貰っても、帰れるだけのお金を持っていなかった。そのとき交通費を出してくれたのは会社だった。
「会社の方が心配してくれました。親には申し訳ないけど、悲しい気持ちはなかった」

会社と命運をともに

昭和三十九年、二十歳になる頃に、日本は東京オリンピック開催を迎えた。高度経済成長は頂点に達していた。目に見えて景気はよくなった。名古屋のダンスホールに遊びに行ったこともある。

月々に一〇〇〇円ずつ払って、月賦で呉服屋さんで着物も作ってもらった。成人式には会社が着物、帯、履物三点を買ってくれた。今でもこれらの品は大事に持っている。旅行も一泊旅行に年に二回連れて行ってくれた。行先は日光、群馬、栃木、富山などだった。やはり会社は労働者を大事にしていたのである。

現場仕事に四年いて事務部門に移った。そのとき会社側は、中学時代の成績をこっそり取り寄せていた。そこにこの地域の九州に対するひとつの見方があった。
「中学校から会社に通信簿を送るのよ。事務に移るとき、この人は頭はいいけど家が貧乏だから働きに来ている人かどうかを知りたかったんですね。会社側は九州の人は通信簿が1とか2ばっかりの人が来ているのではないかと思ったんでしょう。私は成績は良かったですからね」

そう彼女は笑った。九州人は気が荒い。そんな評判があったため、九州から働きに来た人は多治見の人と結婚することはまずなかった。九州人同士で結婚した。

彼女は事務に移り、九年間働いた。子供が小さい時はパートで働いた。お金も少しずつ貯めて、ミシン、ベッド、蒲団、冷蔵庫、鏡台、電子レンジと次々と新しい製品が増えた。笠原の町も不況になり、会社も縮小し、多くの人が去ったが、彼女は倒産するまで運命を共にした。このとき社員は三〇名程度に減っていた。

今、入社したときの社長は九十代。ときどき道で会うと、社長は言う。

「あんときはごめんな、いろいろしてやれんで」

「ああいう時代だったから仕方がないのよ」

そんな会話を交わす。窯業が盛んだったとき、多治見の駅から笠原町まで東濃鉄道笠原線が延びていたが、昭和五十年代に廃線になった。昭和二年に開通したがもともとは焼き物や石炭を輸送するための鉄道だった。笠原町の人口は現在一万人。住宅地が増えた。街の様子は変わっても、やはり笠原はタイルの町であることに変わりはない。

彼女は就職してすぐに買った籠を取り出してくれた。彼女の目が少女時代のように生き生きと輝く。その思い出話を伺い、一息ついたときに彼女は呟いた。

「私たちのときは仕事の選択肢がなかったのよ。生きてゆくにはこれしかなかったのよ」

その言葉がいつまでも胸に響いた。

手に職を持った誇り

社長になって帰って来るぞ!

有明海に突き出す半島に熊本県宇土半島がある。その先端は三角町（現・宇城市）である。そこから天草一号橋が架かり、大矢野島に行くことができる。その東側にもう一つ島がある。維和島である。昭和二十九年から天草郡大矢野町維和島といったが、平成十六年の大合併で上天草市となった。面積は六・四平方キロメートルの小さな島で、不知火海に浮かんでいる。クルマエビが名産である。

現在、滋賀県大津市で江口左官工業を経営する江口千代伸は維和島の出身である。彼は左官業のほかにリフォームも行っている。左官とは壁を塗る職人で、塗大工、壁塗大工、鏝工、泥工、土工、壁塗り、石灰工などと呼ばれ、江戸時代になって左官と呼ばれるようになった。ただし歴史は古く、七一〇年の「大宝律令」の職制に「主典《さかん》」という言葉が見えている。左官の仕事は、よそに出かけて仕事を行う出職《でしょく》と呼ばれるもので、庭師などもそうである。発注された仕事を出向いて行う点に特徴がある。

江口は維和島から岐阜に集団就職でやって来た。両親は漁師、昭和三十年生まれの彼は六人兄弟姉妹の末っ子だった。

当時の維和島は、水田は少なく、食材にしても肉や米がなく、イモばかり食べていた。とくに水不足は深刻で、夏になると井戸が涸れてしまう。

「海水はあっても、飲み水がない」

台風も直撃した。そのときは家族総出で、家が飛ばされぬように戸を握っていた。彼が集団就職したのは、船酔いが原因だった。

「高校に行けということだったのだけど、姉ちゃんも兄ちゃんも中学出て働いていたから、俺だけ行くわけにいかんと思ったんです。それで漁師をすることになったけど、もう船酔いがきつくてね。それで外に働きに行くことになった」

夜にクルマエビを獲るため、船に乗った。流し網を使って捕獲するのだが、酔ってしまって、近くの無人島に下される。そこで親の迎えを待つという状態だった。ただ定時制の高校には行きたかったので、就職先で定時制高校に通えるところを選んで就職することにした。

さて江口が集団就職するときである。集落に来る定期船に乗って、三角町まで行く。そこから列車に乗り換えるのだが、港で彼は見送る人に宣言した。

「よっしゃ、俺は社長になって来るからな」

彼は当時を振り返る。

「もうそれしかないです。社長とか総理大臣ですよ。あとの役職は何も知らずに故郷を出たんです」

就職先は岐阜県のトヨタ自動車の下請け工場だった。車のホイルキャップを作る工場だが、部品自体が何なのかわからなかった。

仕事の中にホイルキャップを籠に入れてシンナーで洗う作業があった。最初はシンナーで頭がふらふらしたが、慣れたら何ともなくなった。

「今思うととんでもない所で仕事しとったんやなと思う」

油仕事ではボタンを押すときに、プレスで手を飛ばした工員も三人いた。そんな日々だったが、夜は定時制の高校にも通い、楽しかった。

江口には苦笑する思い出がある。就職した年の十二月、工場に工場長が見学に来ることになった。そのとき彼は工場長に質問する役目を仰せつかった。上司から、「江口君、何でも聞きたいことをきいてごらん」と言われていた。

帽子に三本線、一本線とか入った人たちが工場に姿を見せた。まずその人たちがどれだけ偉いのかわからない。係長、課長とかの役職もわからない。

「なにせ俺が目指しているのは社長だから」

ちょうど工場長が傍に来た。このとき江口は聞いた。

「その、工場長って、ここに何年いるんですか」

「うーん、三十何年かなあ」

「三十何年もいて何で社長になられんのですか」

これには工場長も言葉に詰まった。苦笑してごまかすしかなかった。

このとき江口は思った。この人はこれだけ長くいてもまだ工場長か、とてもじゃないが自分は社長にはなれないなと。仕事は流れ作業で、江口は腕が良かったので、コンベアーに乗ってくる部品をすぐさま組み立て、次の部品が流れてくるのを待つ余裕があった。だが先の次に来る部品を作業しようにも、コンベアーは一定の速さで来るから、流れてくるまで待っていなければならない。

「俺は人より倍働いて、倍儲けようと思っているのに、なかなか次の部品が流れてこない。こんなんじゃ九州で宣言した手前もあるし、辞めて自分でできる仕事を探そう」

ちょうど郷里の友人が滋賀県で左官を探していることを教えてくれた。当時は手に職をつけられればどんな仕事でもいいと考えていた。

コテは左官の命

左官の仕事の特徴は、教科書のようなマニュアルが存在しない点である。先輩の職人から口で教わるか、その作業を見て自分で覚えていくしかない。怒鳴られることもしょっちゅうである。それでも耐えて、自分を磨くしかなかった。とくにコテは左官の命でもある。コテを使って建物の壁や床、土塀を仕上げてゆく。

左官の仕事は出職のため拠点がなかった。今日は蒲生郡日野町、終われば甲賀市水口町。先輩たちから厳しく鍛えられたが、人が四年で一人前になるなら、自分は二年半でなってやろうと誓った。同時に思ったのは先輩へのライバル心だ。次第に力が着くと、仕事の内容も見えてくる。

「この先輩のやり方では通用しないな」

と思った彼は、彼らが焼酎を飲んで寝ている間に、自分はこっそり起きて投光器をつけて、一人でコテを使って練習をした。やがて腕を見込まれ十八歳で一人でコテを使う仕事もできるようになった。弟子入りして来る職人もできた。

「左官の仕事は難しさはあっても楽しさは一切なかったです。最近になって自分でアレンジできるようになりましたが、以前は職人さんにどうやってご飯を食べさせようか、日当を払おうか、ゼネコンに言われたことをいかに早く終わらせるか、毎日追われていました」

六畳一間と三畳の炊事場で子供たち二人を育てた。職人たちもご飯を食べに来る。やがて株式会社江口グループを設立し、彼は社長として腕をふるうようになった。

会社を経営するためには数をこなさなければならない。そのためにはスピードを上げることである。このとき彼が考えたのは、昭和六十年代では珍しかった自動車電話を購入したことだった。ポケットベルもすぐに買ったが、掛かってきても電話をかけなおさなければならない。電話ができるのは仕事が終わった夜になってしまうから、対応が遅くなる。

自動車電話なら、昼間でも要件や注文を受けることができる。仕事の機動力が倍増する。

「毎月電話代に二五万円払いましたが、これですぐに職人の手配ができるようになった」

そのうち五階建て、十階建ての建物など大きな仕事を任せてもらえるようになった。

「これで職人さん、工務店さんとの信頼関係ができたように思う」

彼は左官の面白さは、自分の美の感覚、発想で物を作って行ける点にあると考える。コテひとつで壁の模様が自在に変わる。さらにタイル工事も行う。

「左官業は平均年齢は高いです。しかも3Kで、きつい、汚い、危険と言われていました。だけどそんなことを言っていたら仕事はできません。どんな仕事もいろんな意味できつく、汚く大変なのです。平成不況で、左官業も厳しいですが、家にはすべて壁があります。その壁を作るのは左官業なのです。つねに先を読んで仕事することが大事なんですね」

縁あって人と出会い、仕事に繋がってゆく

江口は左官になったばかりの頃を思い出す。一日八〇〇円の日当で、兄に毎月数千円の小遣いを送り、父親にはホームシックになるとよく手紙を書いた。

「飯場のプレハブに行くと、夜は何もすることないから、そーっと事務所に行って天草の同級生に電話したことがあります。よう怒られましたけどね。それが僕の唯一の逃げ道でした。でもほっとするんですね」

帰りたいと正直思ったこともある。だがそれを踏みとどまらせたのは、出港する時、「がんばれよ」と見送ってくれた人たちの顔が浮かんだからだ。ひとかどの人間になるまで帰るわけにはいかないという決意を固めた。

「帰りたいのはやまやまですよ。集団就職した人は皆、そういう思いなんじゃないかな」

先日、実家に帰ったら、その手紙も小遣いも仏壇の中に保管してあった。左官は基本的に休みがない。地下足袋、食費を引かれると、給料日には一万円くらいしか残らなかった。でも自分には信念があった。ベルト・コンベアの仕事は誰にでもできる。自分はロボットだけにはなりたく

ない。知恵を使って仕事をしたい。そう思って自分の腕に職をつけた。今思うのは、その思考は今の自分の財産になったことだ。多くの職人も育てることができた。

やんちゃな中学生たちが、体験学習で左官の仕事を学びに来たときがあった。反抗的だった彼らも江口が丁寧に教えてゆくと、仕事の面白さに目覚めて、満足して帰って行った。

「僕は六十歳の手前（取材当時）ですけど、大事にしていることがあるんです。それは縁があって人と出会い、今の仕事につながっていることです。技術があっても自分の満足だけにせずに教えてゆくこと。それをやってゆきたいですね。いい車に乗りたいなどの欲望はないんですよ」

現在は左官業だけでなく、リフォームにも力を入れ、そちらでの評価も高い。近年は和風の料理店も経営し、天草の魚も直送して店舗に出している。

そんな彼も今も維和島の風景が頭から離れない。自然は残っているが、過疎化も進み、彼の少年時代に三〇〇〇人いた人口も一〇〇〇人に減った。

「今でも夕陽がきれいですよ。船着き場もそのままの状態で残っているからね。よく泳ぎもしましたよ」

現在も精力的に働く江口を支えているのは、初めて郷里を離れるときの、見送ってくれた島の人たちの笑顔だった。そのことに彼は改めて思いを馳せた。

製陶会社が賑わっていた頃

瀬戸物の町も集団就職者で賑わった

愛知県瀬戸市は古くから瀬戸物の産地として知られている。名古屋市から北東へ一八キロの場所にある。人口は約一三万二〇〇〇人。鎌倉時代から陶器の製造が始まったが、現在は窯業は衰退している。この地も九州を中心に集団就職者を受け入れていた。

昭和三十七年、集団就職者が多かったときの瀬戸市は人口は八万四〇〇〇人。愛知県でも五位に位置する人の多い町だった。産業は何らかの形で陶磁器に関わっていた。

陶土釉薬製造業（陶磁器のうわぐすりを作る）、匣鉢《こうばち》製造業（陶磁器を焼くときに炎から守るための耐火性の容器を作る）、石膏型製造業（鋳型に使う石膏を作る）、その他陶磁器に絵を描くなど広範囲に渡る。輸出向玩具置物（ノベリティー）、耐火レンガ、タイルも作られる。煙突の多い町で、箪笥の中も黒くなると言われた。当時、瀬戸の陶器工場は八〇〇軒あり、うち従業員が三〇人以下の小企業が八〇パーセント近くを占めた。磁祖の加藤民吉が天草や肥前有田で染付磁器を学んだため、九州からの入植者も多く、九州から集団就職する人たちが縁故を頼って来たのである。

九州の人はよう働くもんね

K子さんは、愛知県瀬戸市で当時最大規模の製陶所だった宮崎製陶に集団就職した。瀬戸の陶器のメッカであった工場で働いた経験を辿ることで、高度経済成長期に製陶に関わった少女たちの姿を浮き彫りにしたい。

K子さんは、昭和二十一年に鹿児島県姶良郡栗野町に生まれた。昭和三十七年に中学を卒業し、宮崎製陶に就職した。彼女は四年間働いて、結婚退職し、現在は主婦である。

彼女は今でも地元の栗野駅を出発するとき、姉から言われた言葉を思い出すという。

「自分の仕事に誇りを持って頑張りなさい」

これが主婦となってからも、家事など労働に生かされている。

この地に九州からの集団就職が多い理由を彼女はこう考えている。

「仲間意識じゃないけどね、九州の人は人間が丸かったのよ。大人しくてね、純情でね。仕事は言われたとおりしっかりやったからね」

宮崎製陶へ鹿児島から集団就職でやって来たのは、昭和十六年生まれが第一回であるという。当時は栗野のほうにも会社の特派員みたいな人がいて、学校に説明に来てくれた。とくに強いこだわりがあって入社したわけではなかった。

「何も考えてなかったですよ」

と彼女は笑った。人生は楽しいと取材の間に何度も口にした。その楽天的な性格と向日性が彼女の人生を作っていったのだろう。

彼女は当時のことを思い出すようにじっと一点を見つめると話し出した。

彼女は仕事を真面目にやったせいか今でも仕事の段取りを創るのが上手くなった。八時間の勤務時間で、作業は時間との戦いであったからである。それに若いうちに一生懸命やったことで、どんな形であれ、働くことが楽しいという性格になった。

「よく〝九州の人はよう働くものね。人柄もいいものね〟と言われましたね。九州の人は人を疑うという二つの心がないんですよ」

瀬戸市の近くの多治見市では、九州出身の人が事件を起こしたため、九州に対する評判はよくなかった。だが瀬戸市では評判がいい。地域によって出身者の評価も変わる。先輩たちの残した遺産である。

暗いイメージはなかった

彼女にとって集団就職には暗いイメージはない。たしかに寮ではブリキの器でご飯食べ、ごちそうもなかったが、働いてお腹も空いているし、美味しく食べることができた。

この頃寮のテレビでは「ロッテ歌のアルバム」が人気番組だった。食堂の小さいテレビに、五〇人ほどが集まって見た。寮では九割が鹿児島出身だったから、方言も使うことができて気も楽だった。学校の先生もよく手紙をくれて、がんばれと励ましてくれたのは心強かった。

宮崎製陶は明治三十八年に創業され、平成七年に陶磁器の生産を辞めるまで九〇年ほどにわたって、洋食器を作る会社として知られていた。陶磁器の原料となる陶土を精製し、コーヒーセット、ティーセット、ディナーセットなどの食器を作った。高度経済成長期の従業員の数は三二〇名で、男子が一二五名、女子が一九五名だった。

社内に洗濯室や図書室、和洋裁兼アイロン室も完備していた。また社員には毎週医師の診断を受けさせるなど、健康にも細心の注意を払ってくれた。

彼女たちの給料は一日三〇〇幾らの日給制で、半月ごとにまとめて支払いがあった。歩合給だが、陶器の仕事はそんなにきつくはなかったという。休みは日曜日。三角巾を被って、ねずみ色の制服とズボンを着て、作業した。

「陶器の会社だから、石膏の型があってね。石膏に粘土を入れて、五ミリくらいの薄さになったら、粘土をこぼして、乾燥させる。時間がきたら、板に乗せる。仕上げの人が後はやってくれる。絵付けは外注していましたよ」

社長も当時三十代と若

絵付け作業（瀬戸ノベルティ文化保存研究会提供）

絵付け場で（上＝瀬戸ノベルティ文化保存研究会提供、下＝加藤成良氏提供）

く、いつも声をかけてくれた。ときには彼女たちの前で軍歌を歌ったりと愛嬌もあった。

この当時集団就職した人の憩いの場は、県立公園の「森林公園」だった。今は閑散としているが、日曜日になるとここに働く若者が集まり、フォークダンスをして楽しんだ。若い男女の出会いの場だった。こちらに来て喫茶店に初めて入った。

「喫茶店にも入ったことがなくてね。こちらにはいくつかありました。もうガクガク震えながら入ったのを覚えています」

春になれば公園はしだれ桜が華やかだった。そこで彼女は、今の主人に声を掛けられた。結婚後、二人で住宅の外柵の工事を始めた。主人も職人で、独立することになったのだ。結婚する時、今のお金で二三〇〇万円ためて、箪笥を買った。

「私は働くことが苦にならないんです。結婚して商売を始めても体を動かすことが苦にならない。お金も使うことを知らない。主人も真面目で働く人ですからね。独立に必要な税理の勉強もすべて税理士から教わりました」

そして時代は高度経済成長から、平成に変わった。

瀬戸物が盛んだった昭和三十年代には至るところに煙突があって、洗濯物を干していても煤煙で真っ黒になるほどだった。だが不況で現在工場のあった場所はマンションになっている。

「昔は古い家並みでしたが、今は道も舗装されて近代的な建物が増えました。会社がなくなって寂しさもありますね」

今、瀬戸の町には煤煙もなく、きれいな空気が流れている。アーケード街の商店街もある。だが、煙突のあった頃の活気はない。その町が元気だった時代を支えたのが、集団就職をした若者だったのだ。

「会社では仲良く楽しく頑張りました。大事にされたと思います」

それは彼女の率直な気持ちである。

常陸宮様の前で決意表明

十五歳から勤続五〇年

宮崎県椎葉村は、九州山地の中央部にあって、県の北西部に位置して熊本県との境をなしている。標高一〇〇〇メートルから一七〇〇メートルの山が連なり、九六パーセントを山林が占める。川の源流地帯でもあり、その狭隘な場所をぬって集落が点在している。平家落人伝説の地でもあり、日本三大秘境に数えられている。

現在都内に住む、河村正一は、この村で育った。昭和二十二年に生まれ、中学を卒業後、昭和三十八年に岐阜県多治見市にあるタイル販売の会社に就職した。同じ会社に定年まで勤め続けた。転勤の関係で現在は東京に居を構えているが、河村は開口一番に語った。

「集団就職で長く勤めるのは珍しかったみたいですよ。入れ替わりが多いですからね。続く人はいたけど、一年で辞める人も多かったです」

彼の場合、十五歳で就職したから同じ会社に勤続五〇年以上になる。集団就職者の成功例は数年勤めて、さらに自分の資質に合った会社へ転職し、独立してゆくのがひとつのパターンである。その一方、虚仮の一念でひとつの企業でキャリアを積んでいく成功例もある。

河村のこの道ひとすじという生き方を見て、創意工夫という言葉が浮かび上がった。

彼は生まれたのは鹿児島市であった。父親は和菓子を作る職人で、製造のほか販売も手掛けていた。だが河村が小学校四年生のとき、病気で亡くなった。仕事の全部を父親が行っていたため、母親と一人息子の彼は、宮崎県椎葉村の親戚を頼って移住することになった。

鹿児島市という繁華街から、九州の秘境への転校は驚くことが多かった。

「椎葉村は標高が高いから雪が降る。こっちは崖、あっちは谷でしょう。それに一本道だから、台風ではがけ崩れがあって、道がすぐに寸断される。陸の孤島になってしまうんです」

やがて母親は親戚の雑貨店で働くようになる。そこで河村も一緒に住んだ。彼は中学を出たら、経済状況もあって働くものだと決めていた。この当時村で進学できたものは二割程度だった。成績はよかったので、地元でも大企業である延岡市の旭化成工業を受験し、内定をもらった。皆、喜んでくれたが、一方で考えた。

「でも十五歳の頭で考えたんです。大きい会社で働くとどっちみち学歴優先だなと。そうなると上には行けないな。それなら中小企業で自分の実力でやれる所のほうがいいな」

ちょうど学校に多治見市の商工会議所を通じて、社員五〇人ほどのタイル販売会社が求人に来た。藤垣窯業という会社である。社長自ら山奥まで求人にやって来た。母親も社長とじかに話し、その人間味と誠実さに接して、ここだったら息子を出してもよいだろうと考えた。

「何の業界かさっぱりわからないけど、親が社長さんの気概に惚れたわけです。県外に出るのなら遠い方がいいだろうとここに決めたわけです」

決めるにあたって、河村は社長に手紙を書いた。自分はどんな仕事をすることになるのか、どんなことを行う会社なのかと。社長からは丁寧な手紙が来て、多治見市の特徴、会社が今取り組んでいること、ゆくゆくは河村には営業をやってもらいたいことなどが記してあった。これで不安は払拭されて、郷里を離れることができた。

「僕は修学旅行で北九州までは行っていた。本州に行くのは初めてです。不安もあったろうと思うのですが、その表れが手紙を書くという行為に走らせたのだと思うんですね。ふつう手紙を書く子はいないと社長にも言われました。お前が初めてだとも言われましたから」

集団就職と聞いて、河村には忘れられない光景がある。それはバスでの別れである。

彼の住む店の前がバスの停留所になっていた。ここから就職する子供たちは、バスに乗って山を下りて日向市の駅へ行く。バスの便も少ない。そのため、同級生たちが河村の家に来て、挨拶を交わす。三月の二十日頃から、バスの便も少ない。集団就職で生徒たちはバスに乗ってゆく。

「殆ど毎日乗ってゆく。今日は誰ちゃんが行く、明日は誰君が行くと話からわかるんですね。母はリンゴ一つでもその子たちに持たせるんです。〝頑張って来てね〟と声をかけながら。バス停はすべての人にアクセスのよい所にあるわけじゃないから、山奥からお父さん、お母さんと一緒に降りてくる人もいる。親戚もいる。バス停で一服しながら、待つわけです」

出てゆく姿を見て、母も祖母も泣いた。そして四月初旬のバスで河村も旅立った。母との別れは家の前のバス停だった。そこから日向駅に行き、夜行列車で名古屋まで行った。

冬の山形で触れた人情

タイル業界は分業制でタイルを作る製造業者と、これを買って販売する会社、タイル消費地の問屋さんに分けられる。河村が入った会社は、タイルを作った会社から買って、問屋に売る仕事をやっていた。商社に分類されるが、当初は仕入れてきた商品を梱包したり、お客さんに発送するのが主な業務だった。先輩の運転する車の助手席に座って、タイルを貰いに行き、会社の倉庫に運ぶ。初めて見るタイルは重く、運ぶのもきつかった。

寮では一人当たり割り当てられた場所は畳一枚半だった。先輩たちの蒲団敷き、洗濯までやらされた。しかし彼は仕事とはそこまでするものだと思っていたので、辛いとは感じなかった。

「そりゃ当時はむちゃくちゃでしたよ。朝は早くから起こされるし、夕飯の後ももう一仕事あったし、土日も簡単に潰されるし。自分の理想と違うと辞めた人はいましたよ。ホームシックで田舎に帰るのはいいほうで、どこかに行ってしまった人もいた。でも自分は仕事とはこういうものかと思っていた。真っ白な頭だったのがよかったんでしょう」

とくに会社は中小企業なりのチームワークの良さ、人間関係の濃さが河村には幸いした。

河村が二十歳のとき、社長が約束したように営業に配置転換になった。以後定年まで営業畑を歩むことになる。当時北海道、東北、九州など営業担当がすでに決まっていた。しかし東京はまだ得意先も少なく、担当もいないので、河村が行くことになった。昭和四十二年で、日本はまだ高度経済成長の登り道にあった。東京を開拓すると、東北地方も任された。

河村が二十五歳のとき初めて山形県に営業に行った。冬で雪が積もっていたが、南国育ちの彼は革靴で来てしまった。今まで経験したことのない厳しい寒さに何度も体を震わせた。道では何度も滑って転んだ。駅の傍に日本通運があった。コンテナや貨物列車を取り扱う大きな会社だから、ここに聞けばタイルを作る会社はどこにあるか教えてくれる筈だと考えたのだ。

右も左も知らない彼に日本通運の社員は優しく声をかけてくれた。

「あんた革靴じゃないか。駄目だよ、革靴じゃ。転んじゃうよ」

「もう転びました」

そういう話をすると、すぐに営業先の会社を紹介してくれた。行先も教えてくれた。

「バスもあるけど、あんた転ぶとあぶないから、タクシーにしなさい。そんなに距離がないからタクシーでも高くつかないから」

河村はタイルの問屋会社に着くと、タイルのサンプルを持って、岐阜県多治見市から販売に来たことを告げた。社長は怪訝な顔をしていたが、河村のはきはきした声と強いまなざしに押されて、中に入るように勧めた。

社長は突然の来訪者に驚きながらも、尋ねた。

「山形に初めて来たのなら、蕎麦食って帰れ」

と暖かい蕎麦を食べさせてくれた。蕎麦は山形の郷土料理であった。

「タイルを売りに来たとき、そんなふうに言ってもらったのは初めてだった。社長にとって見も知らないのに。あれは嬉しかったですね。東北の人はそんなに優しいのかと思いました。東北で最初に出会った日本通運の方と、タイルの問屋さんは絶対に忘れないですね」

タイルも買ってくれた。注文を取ったときは、嬉しさですぐにでも多治見の本社に報告のために帰りたくなった。三泊四日の出張でも、最後の日まで待っていられなかった。すぐに社長に報告したかった。さらに勢いがついて秋田、青森、盛岡、仙台、福島、郡山を営業して回った。

一方では失敗もある。新規の開拓に成功し、数日後集金に行ったら会社に誰もいなかった。不渡り手形をつかまされたのだ。そのとき社長は、「河村君、これも授業料だと思いなさい。会社のほうは何とかなるから」と言ってくれた。

全国杉の子会で堂々発表

もう一つ河村にとって忘れられないのは「杉の子会」での活動である。「杉の子会」というのは、若い働く青年たちを金融機関が物心両面で援助することで始まった組織である。

昭和四十年代に多治見信用金庫（現東濃信用金庫）に勤務し、杉の子会の担当だった土本英雄は言う。

「働く青少年を金融機関がお手伝いしようということで始まったんですが、一つは預貯金ですね。郷里への仕送りのため、もう一つは余暇の善用です。青少年たちが、いろんな活動ができるように銀行の会議室を開放して使ってもらったんです」

そこから職場の枠を超えた活動が生まれ、様々なイベントも開催した。

昭和四十五年五月十八日の「全国杉の子大会主張発表」では、一〇名が発表したが、その中で河村もいた。河村は杉の子会の全国大会で、自身の青年としての主張を行った。このときは常陸宮様と同妃殿下がご出席された。彼は営業担当になったばかりの頃だった。

「じつはあまり記憶がないんですよ。書いた作文は集団就職をしたときのことでした。高校進学をあきらめて、中小企業に入社した自分の気持ちを綴りました。大企業の下にいるよりも、小さな会社でもてっぺんに立ちたいという思いですね。それとタイルも知らなかった僕が仲間に恵まれて仕事ができたと語ったと思います」

仕事の合間に書いた原稿を何十回も手直しして、多治見信用金庫のホールで何回もリハーサルをやった。一字一句チェックされて、発表したものだ。

この発表を聞いた土本は語る。

「もう堂々と発表されましたね。河村さんは、自分は旭化成に就職が決まったけど、大企業のレールに乗るよりも、地方のローカル列車に乗って、地域の産業のために働きますと夢を語られた。十代の少年が宮様の前で、自分の主張を言い切るのだから、素晴らしいですよ」

昭和四十七年十一月二十二、二十三日に名古屋市の公会堂で行われた杉の子会の全国大会には、皇太子夫妻（現平成天皇、皇后陛下）がご出席された。第一部の総合司会を土本が務めたが、河村もサブの司会として、全国から集まった杉の子会の仲間を紹介する役目だった。ゲストには「トワ・エ・モア」とフォークグループの「六文銭」と上條恒彦が出演した。「トワ・エ・モア」は「或る日突然」「誰もいない海」などの曲で知られ、「六文銭」は小室等がリーダーを務め、フォーク歌手上條と共演した「出発の歌」は大ヒットした。両グループはこの時代の若者の音楽を牽引する存在だった。

会が始まる前に、皇太子ご夫妻と杉の子会のメンバーが歓談することになった。お茶とクッキーが出されて、杉の子会から選ばれた何名かが、ご一緒した。

河村は同席ではなく、係として、部屋の隅に立っていた。歓談の台本は完璧に準備してある。それに従って、皆が動く手はずだった。ところが突然美智子妃殿下がクッキーの入った籠をご自分でお持ちになって、河村の傍に来られた。

美智子妃殿下は、河村に微笑まれると、

「クッキーどうぞ。召し上がれ」

とおっしゃった。まったくの想定外の出来事で、皆が驚いたが、河村は美智子妃殿下をすぐそばで見て驚きと感動で真っ青になった。

「がちがちの台本の枠から美智子妃殿下が出られたのですね。今まで聞いたことのない美しい声のトーンが、体に入ってきました。とても美しい方でした」

その後、多治見市の杉の子会の部屋に飾ろうと、上條恒彦の楽屋でサインを貰った。

司会をしてとても緊張したので、この二つの光景が楽しいエピソードとして思い出される。

適職なんてない

やがて会社は東京でも本格的に営業を展開するため、支社を作った。昭和六十年、河村は妻と子供二人を連れて、東京に移転した。以後定年まで東京の営業担当として働いた。

今、彼は現在の若者の仕事ぶりについてどう考えているのだろうか。

「今の非常にきつい労働とか雇用不安ですね。これは僕らのときと時代が違うし、今の人たちの育った環境も違うから一概には言えないですね。ただ僕らのときには手を差し伸べる人がいましたね。親はよその子供に対しても本当に大事にしましたよ。今はさしのべる人もいないからね。自分から助けを求めて向かってゆく人もいないだろうし、自分で解決しようと思っても限度がありますからね。人の力が介在しないとね」

彼は少年野球の運動公園にある会議室で、景色を見ながら呟いた。野球が好きで、地域の軟式野球チーム「潮見パワーズ」の代表をやっている。五〇名の小学生と一緒に汗を流す。江東区で優勝し、都大会でも四位になった強豪チームだ。現在は江東区深川学童少年軟式野球連盟の会長を務めている。

日曜日の昼下がり、ここで河村は大会の事務作業を黙々とやっていたのだ。そんな地道な作業の合間、彼はペンの動きを止めた。

「適職なんてないと僕は思うんだな。僕はずっとタイルをやってきたけど、適職かどうかわからない。他に道があったと思えば、そう考えられますもの。やはり仕事に自分を合わせてゆくことですね。それでもどうしても俺には無理だ、なじめないと思ったときにほかの方法を考えることはあってもいいですね。ただ三カ月や五カ月でやってられないと言ってやめてゆく。これは選びすぎですね。今の人たちは言われたことはそつなくこなします。そこから自分なりにアレンジしたり、こういう方法もあるんじゃないかというのはないですね」

自分の苦労話を語っても、若い人はそれをもっとも嫌がる。年長者が自分の若いころはこうだったと言っても聞く耳を持たない。あなた方と年代が違うのだからと一笑に付されてしまう。飲み会も一緒に行かない。

「おしいなあという子がいっぱいいるんですけどね」

河村は言う。この世代間の断絶をどう埋めていくのか。そこにこれからの人たちの生きてゆくヒントがありそうだ。

彼の母親は九十七歳まで元気に店をやっていた。店があるからと本州まで出たがらなかった。結婚したとき、子供が生まれたとき、三、四回しか息子に会いに来なかった。会いに来たときも

「店を親戚に任しているから、申し訳ない」と用が済むと宮崎に戻った。

河村も母の三回忌で郷里に戻ったくらいだが、生まれた鹿児島にしても、育った宮崎にしても、いつも思い出すのは空気がよくて水が美味しいということだ。

「今も郷愁はあります。ニュースに出ると気になります。やはり生まれ育ったところだから」

おそらく集団就職した人たちは、異郷の地で生活しても、郷里に対する思いの深さは誰しも同じであるに違いない。

「杉の子会」担当者から見た若者

地元信用金庫が支えた

多治見は前述したように多くの九州からの集団就職者がやって来たが、窯業に関連してもう一つの顔を持っている。それはタイルである。高度経済成長期には、上山タイル、大和陶器、長谷川製陶、日本タイルなどの大きなタイル会社があり、集団就職者が働いた。だが海外から安価な陶器が輸入され、多治見の陶器は衰退している。なお、タイルはこの土地特有の美濃焼から作られている。昭和五十年に一一九二社あった陶磁器メーカーは、現在は四〇〇社に減っている（県陶磁器工業協同組合連合会調べ）。当時多治見市の信用金庫で集団就職者の面倒を見た土本英雄は述べる。

「今、郊外を走ると三階、四階、五階建てのコンクリートの職員寮があちこちに古びた姿をして建っています。あの建物で集団就職した人たちが工場から疲れた体で寝泊まりしていた。あの建物は多治見市の文化遺産だと思います。窯元も衰退したので取り壊す財力もなく廃家となり、やがては大変なことになります」

そんな彼の言葉に耳を傾けてみたい。彼は「杉の子会」という組織で、集団就職した若者たちと接した。「杉の子会」というのは、信用金庫が主催し、中小企業で働く青少年を支え、援助する組織である。「杉の子会」は全国組織で、多治見市では、多治見信用金庫など地元の金融機関が中心になって作った。預貯金をしてもらい故郷に仕送りをする。さらに支店の部屋を開放し、働く若者が語り合う場を作った。スローガンは「杉の子は手をつなごう」「楽しい家庭をつくろう」「明るい職場をきずこう」「立派な社会人になろう」というものだった。宮崎県日南市の飫肥《おび》杉《すぎ》や屋久島の屋久杉など、杉はまっすぐ伸びて大きい。青少年はまだ杉の子で芽を出したばかりだが、いずれは杉のように大きく成長するようにという願いが名称に込められていた。

都市銀行は利益の追求を重視するが、信用金庫という地元に密着した銀行という特質を生かしたメセナであった。青少年育成に対しての利益還元である。多治見信用金庫で担当だった土本英雄は、当時の彼らと接点が深かった。土本は昭和八年生まれ。このときは三十代を過ぎたばかりだった。

彼は昭和四十年から五十年まで「杉の子会」の担当だったが、集団就職した人たちが多治見駅に着いた光景を覚えている。蒸気機関車の煤煙で真っ黒になった少年少女たちは、中学校の詰襟の服、セーラー服を着て、駅の広場で疲れ切ってしゃがんでいた。その後、各会社の人たちから、会社に連れて行かれる。土本は語る。

「彼らが散り散りになって連れて行かれる姿を見て、〝安寿と厨子王〟の姉弟のように他国の土地で人買いに連れて行かれる姿を見て涙しました。大げさに言えば、赤紙が来て、もう帰られないところに行く、戦争に行く位のつもりでいらしたんじゃないでしょうか」

彼は身近にいる集団就職者を見てこうも感じた。

「私の出会った信用金庫の新人職員よりしっかりしていると思いましたよ。あの人たちは何で俺は働きに行かんといかんのか。〝あそこの村長の息子は俺よりも勉強ができないくせに高校に行った。あれには絶対負けけんようにしよう〟という気構えがあったでしょうからね」

集団就職者も増えると、若い女性たちの姿も町に多くなる。

「とくに女子工員を悪い奴が狙うわけですよ。彼女たちは仕事帰りでお腹もすいているでしょう。食べ盛りでもあるし。これを地元の男たちが〝シナ蕎麦奢っちゃる〟と誘うわけです。それと引き換えに〝体をよこせ〟と。裏ではそういうのが大変だったのです」

そういう中で教育委員会や商工会議所が手を差し伸べ、青少年たちの人生を支援した。多治見信用金庫では勤労青少年ホームに女子工員、女子職員だけを集めて、当時性医学評論の大家だった産婦人科医のドクトル・チエコを講師に招き、性教育を行ってもらった。彼女のほかに地元の田ノ井産婦人科病院の院長にも三回ほど来てもらった。女子工員の望まない妊娠、堕胎の問題も深刻だったからである。そのような事態を防ぐために、正しい学習が必要とされたのである。

ハイキング、フォークダンスの集い、献血運動、ソフトボール大会、体力づくり、講演会、道路標識清掃など多様な行事もさかんに行われた。

大きかった〝性〟の問題

昭和四十年代、多治見市市民プラザで、若者たちの主催によってクリスマスパーティが行われた。フォークダンスをしたり、プレゼント交換を行ったりした。そのプレゼントの中にコンドームもあったという。

「やっぱり女の人たちは性の問題で困っていらっしゃったんですね」

関わった土本はそう呟いた。

一方では職業安定所や商工会議所主催で、地方の中学校の進路担当の教師が豪華な接待を受けていることもあった。夏休みになると、九州の進路担当の教師が工場視察にやって来る。このときの宿泊は多治見でも一流旅館の望仙楼だった。

「多治見に行くと、いい思いができるぞ」

そんなことを言う教師もいた。あるいは親の遊興のため、犠牲になった集団就職の少年もいた。その少年は、熊本県の阿蘇地方から製陶会社に集団就職した。彼は少ない給料からオートバイを買うために貯金していた。ただし手元にお金があると使ってしまうために、阿蘇の実家にお金を送り、貯金をしてもらっていた。三年後、ある程度の金額になったので、親元からお金を送ってもらうように頼んだが、お金は無かった。父親が遊興に使い果たしていたのである。少年は、ショックを受けて酒を飲み、ナイフを持って寮で暴れるという事件を起こしてしまった。

そんな中でも集団就職した人たちは誠実に仕事に携わっていた。あれから五〇年近くが過ぎた。今でも町で顔を合わせると手を振ってくれる。

「地元の人よりも、集団就職された方が絆は深いと思います。結婚式に呼んでくださったこともありました。私は今もあの人たちのオーラで生かされてる思いがします」

現在多治見市は十万都市になったが、その繁栄の礎になったのは、やはり北海道から鹿児島まで集団就職で来た人たちの働きによってである。だから土本は思う。利潤を上げた企業主は、少年少女たちのおかげであったこと、あの人たちへの恩義を忘れてはいけないと。

「あの方々への恩義を思い出さないと、あの世に行ってもお釈迦様に叱られると思いますよ」

土本は静かに語った。

大手自動車工場で

自動車絶望工場

愛知県の自動車会社の厳しい労働については、ルポライター鎌田慧の『自動車絶望工場』に詳しい。集団就職は中学卒のイメージが強いが、高度経済成長も頂点に達すると、高校生も集団就職列車に乗って、都会に行くという状況が生まれた。

熊本県出身のA夫さんは、昭和四十年代前半に愛知県の自動車会社に集団就職した。この自動車会社には高校卒業生は三〇〇〇人が就職した。ただし社長の顔を見たのは、入社式のときだけだった。辞める人は多かった。彼は輸出部門にいたのでそれでも恵まれていたが製造部門はきつかった。

製造部門は、単純作業でいわゆるライン作業になるが、鼻血が出るほど疲れると彼らは語っていた。自動車と関連する鋳物を作ったりするが、塩を舐めながら働いていた。その部署は重労働の為一〇年、二〇年続く者はいないと後で知らされた。五年いる人が一割いただろうか。十年経てば残った人は一割を切っていた。

彼が感じたのは、会社は大きな巨人でありマンモスということだった。働く人はその小さな歯車に過ぎない。給与は一流企業だから高いが、基本給は安かった。残業や夜勤、日曜出勤をして、何とか手取りのお金が多くなる仕組みだった。年間のボーナスも給与の六・一ケ月支払われるなど悪くはなかった。初任給は一万六五〇〇円で良かったほうだと思う。

彼が入った頃は、時代がモータリゼーションになる前で、上り坂で忙しく休みの日も仕事をした。日曜の仕事も頼まれれば断ったことはなかった。田舎の人間は上から言われれば断れない性質があった。棚卸の日は夜の三時まで仕事したこともある。

あれだけ儲かる会社ですから、ムダはなかった。仕事はその分きつくなる。

「私の隣の人がラインで仕事をしていました。彼は私に言いました。〝もうとにかく辞めたい〟と。彼も疲れ切って鼻血を出していましたよ」

ラインの進みは早いですが、バックアップする体制も取っている。ここがムダがないと言われる所以である。ラインの仕事で間に合わなかったときに、後ろからすぐに助けてくれるスタッフがいる。例えば一分に三〇回作業をしなければいけないときに、体調が悪かったり、技術的なミスで二五回しかできないときもある。しかし部品を貯めるわけにいかないし、時間通り作業を進めなければならない。

そのときにバックアップのスタッフが助けに入る。これはどんな工程もできる超ベテランが務める。どんなミスもカバーしてくれるのである。

「今はロボットがやっているでしょうけどね」

人間として、人生としてこれでいいのか

ある日、ダイハツという会社から出向で社員が働きに来たことがあった。彼らにはこの会社の仕事は大変すぎてすぐに弱音を吐いてしまった。

「きつすぎて、ここにはおれん、もういい」

ダイハツのほうが仕事内容はゆるやかなのだそうだ。それだけの早さがあるからこの会社は日本一の自動車会社になったと言えそうだ。利益もどんどん上がるが、それだけ従業員はきつい思いをすることを意味する。だが、と彼は一方で思う。

「私も働いていて、これでいいのかと考えるようになりますね。年数が経てば経つほど、人間として、人生としてこれでいいのかという思いが日増しに強くなる。やはり人生はお金だけじゃな

いですからね。お金はあっても、マンモス組織の小さな蟻として過ごすのはどうかと思いますよ。仕事にしても、立案するとか、頭脳を使って企画するとかあればやりがいもあります。夢のある仕事とか言うじゃないですか。そういうのはありません。夢というか希望というか、ないですからねえ。多くの人もそう考え、職場を去ったのだと思います」

A夫さんは、この頃から神職になりたい決意を固めた。もともと実家が神職であったことと、彼も倫理社会が好きで、仏教やプラトンなどの西洋哲学、神道などの日本古来の文化に興味があったからだ。熱田神宮にある神職養成機関である神宮学院に編入した。彼は神職に就くことを優先して、会社を辞めた。現在は熊本県で神職の傍ら公務員として働いている。

一度仕事に就いてから、自分の進路を考えなおし、自分の人生を作ってゆく人もある。集団就職の経験をもとにどう生かすかは本人次第で、その歩き方も様々である。

第三章

関東で働く

——京浜工業地帯

関東は京浜工業地帯にあたり、多くの中学卒の若年労働者が集団就職した。京浜工業地帯は東京都、神奈川県、埼玉県に広がるが、鉄鋼、機械、化学などの重化学工業が多いのが特徴である。ただし、この地で働く主体は、東北出身の人たちである。新聞や歴史の本に出てくる集団就職列車の写真は青森駅発上野行きの光景が多く、上野駅に着いた少年少女たちの姿を映したものが多い。そのため集団就職と言えば東北地方の代名詞といった感がある。

だが九州や沖縄から就職した人も中京や関西ほどではないが、関東にも一定数がおり、ここでは鹿児島県出身で大手電機メーカーに就職し、自分を強く持って生活することの大切さを語る女性と、熊本県天草市から名古屋に集団就職し、その後転職して関東で働き、会社を経営するまでに至った男性を紹介したい。

関西、中京よりもさらに遠く離れた関東の地で、望郷への思いはさらに強かった筈だ。その中でときに淋しい思いに囚われながらも、信念をもって働いた人たちの話である。

やはり石の上にも三年

汽笛の音がたまらなかった

Ｂ子さんは昭和二十六年に鹿児島県薩摩半島にある町で生まれた。彼女が三歳のときに父親が亡くなった。弟が生まれて五カ月のときだった。このとき七歳の兄がいた。母親が懸命に育ててくれたが、高校に行くのは無理な状況だった。

「中学を出たら就職するのは当たり前という感じでしたね。母も女手一つで私たちを育ててくれましたからね。苦労していましたからね」

彼女が就職先に選んだのは、川崎市の大手の電器メーカーだった。昭和四十年代当時は集団就職する女性は大阪、兵庫、岐阜などの繊維メーカーに行く人が多かった。だが彼女は電器メーカーを選び、関東へ足を伸ばした。やはり鹿児島から就職したのは三名と少なかった。彼女が関東に行くことを選んだのは、ある理由があった。当時は女性は紡績会社に就職する人が多かったが、彼女の母親が「紡績は綿ぼこりが一杯だから体に悪いから行かないで」と反対したためだ。紡績以外のメーカーなどを選んでいくうち、電器会社は給料もいいので、大手の電器会社のある川崎市に行くことになった。現在、紡績会社で働いた人たちがアスベスト（石綿）の被害で重い病を発症している現状を見れば、母親には先見の明があった。

出立するとき、母親が柳行李に当面着る服を工面してくれ詰めてくれた。西鹿児島駅から集団就職列車に乗ったとき、何を思っていたのだろうか、今思い出しても判然としない。

「母親が西鹿児島駅まで連れて来てくれて、会社の担当者に引き渡してくれました。友達の何人かが見送りに来てくれましたね。そのときどんな気持ちだったのか。都会に行けるという思いはありましたが、高校には行きたいという希望もありましたからね。あんまり楽しいという感じではなかったです」

席は鹿児島組三名と担当者の一人が向かい合って座った。入社するとき、同期は五〇名ほどいたが、殆どが東北地方から来た人たちだった。とくに福島出身者が多くて福島弁が飛び交った。岩手県、秋田県出身者もいた。九州から来た人はあまりおらず、福島弁に影響されて彼女もつい福島弁になることがあって、自分でも笑うことがあった。

「最初の頃はそりゃ楽しかったですよ。修学旅行みたいでね。でも一カ月経つとホームシックにもなりますよね。とくにＳＬの音がたまりませんでした」

会社の寮は国鉄川崎駅の近くにあった。夜中に線路を通るＳＬの汽笛の音が聴こえてくる。あるいは明け方に音がすることもあった。

「音が鳴るたびに涙が出てきましてね。そうするとホームシックになってね」

会社ではトランジスタの性能の良品、不良品を選別する仕事で「テスター」と呼ばれる職種だった。あるいは顕微鏡で見ながらリード線という線の溶接を行った。仕事自体は慣れるまで時間もかからなかった。ただ顕微鏡を覗くと、目に負担がかかり、近眼になった。

仕事の一方で定時制の高校に通いたい気持ちがあったが、この頃社内には学校が作られていなかった。三年後に定時制高校が設置されたが、昼、夜の二交代勤務では通うことは難しかった。ただ会社では洋裁、和裁、料理などの習い事の教室を開いてくれたのは幸いだった。

電器会社の給料は繊維関係よりも良かった。初任給は一万円ちょっとで、ボーナスも二万円だった。盆、暮れには一万円ずつ電報為替で親に送った。

「まだこの頃は人生設計なんて考えたことはなかったですね。ただ仲のいい友達が辞めてゆくときは寂しかったですね。私は三年三カ月会社にいたのですが、辞めてゆく人は多かったですよ。あの頃は仕事も他にありましたからね」

十人いれば七人は就職して間もなく会社を去った。よりよい条件を求めて移っていくのである。理容師になりたいと言って、昼働いて夜理容学校に通うために辞めた人もいた。

乗り越えるのも気持ちの持ち方ひとつ

一方ではそうでないケースもあった。友達という仲ではなかったが、同僚が水商売に手を出して去ってゆく姿だった。同期には、会社を辞めて喫茶店に勤める者もいた。なかには男から騙されたというトラブルに発展して夜の世界に落ちてゆく人もいた。

「いかがわしいところに勤めている元同僚がいたんです。私に〝産婦人科行くから保険証貸して〟と言われました。私は貸しませんでした。そういうこともあって、落ちてゆくのも気の持ち方一つだなと思いましたね。その人たちとは全然付き合いもないし、今どういう人生を送っているのかなとも思いますよね」

そんな境遇に落ちた人が何人かいた。会社にいれば、噂で「今あの人はどこの店にいる、援助交際している」と聞こえてくる。

「五〇名いれば三名くらいがそうでしょうかね」

彼女は遠くを見るように呟いた。

「やはり石の上にも三年ということでしょうね。どんな仕事に就いても辞めたいというのはありますよね。それを乗り越えてゆかないと。私の場合は、頑張っている友達との付き合いがありました。この子がいるから、私もいようと。仕事は単純作業でしたが、やりがいも出てくるんです。それだけに友達が辞めてゆくときは、片手をもぎ取られるように辛かった。人間関係が濃かったんですね」

もう一つは家族への思いだった。当時は貧しい時代だったから、親の援助を受けることができなかった。親に心配をかけたくないという気持ちが、折れそうな気持ちを支えてくれた。

川崎市の電器会社では日帰りでバス旅行に連れて行ってもらったことが大きな思い出でもある。日光の華厳の滝や東照宮、甲府のぶどう狩り、静岡県富士宮市にある白糸の滝、長野県の八ヶ岳などである。それも大きな思い出である。

「あんまりあの頃のことを考えたこともないですが、あれはあれでよかったと思いますね。本当に青春だったたですね」

勤めて三年三カ月経ったとき、母親や兄が「女性一人で都会で暮らすのも心配だから」と声を掛けてくれた。ちょうど兄が愛知県の大手の自動車会社で働いていた。仕事も慣れていたが、その兄の誘いで、その自動車会社に転職した。そこで輸出関連の業務に携わった。

「あまり行く気はなかったんですがね」

と彼女は苦笑する。愛知ではアパート暮らしになったが、そこで大きな思い出と言えば、ステレオを買ったことである。当時ステレオはかなりの高級品だった。それでレコードを聞くのが夢だったのである。映画も「荒野の用心棒」などウエスタン映画に凝った。

転職したとき一つ下の後輩が、貯金を五〇万円も貯めていた。それまであまり貯金をしていなかったので、そこから地道にお金を貯めて、結婚資金も作った。さらに車の免許も取った。やがて職場の人と知り合って、寿退職した。

「私たちがあの時代に果たした役割と言えば、安い賃金で働くことで、日本という国が発展していったということでしょうか。私たちの後にアジアの国の人たちが安い賃金で働くためにたくさん入ってきましたが、私たちの役割も同じようなことが言えると思います」

現在は九州で家庭人となった彼女は、高度経済成長時代を振り返ってそう語った。

境遇は選べないが、生き方は変えられる

長崎への原爆投下が運命を変えた

千葉県鎌ケ谷市にある株式会社竹森工業で代表取締役を務める竹森要は、熊本県天草町（現天草市）で育った。現在の会社は、昭和四十一年に製缶溶接業を営む会社として設立された。昭和四十四年に有限会社として法人化されたが、昭和四十八年に株式会社となり、それ以前の時代を含めると創業から五〇年を超える。従業員は八〇名、千葉県白井市にも大きな工場を持つ。全国

のガス、石油、公共事業の工事を行う。

　創業者でもある竹森は、昭和三十五年に名古屋市南区に集団就職した。そこから今日に至るまでの軌跡を振り返ってみたい。

　竹森は昭和二十年三月十一日に天草町大江で六人姉弟の長男として生まれた。もともと一家は長崎市に住んでいたが、母親は彼を生むために実家の天草に戻っていた。父親は左官職だったが、竹森が生まれる前には、軍の徴集令で長崎市にある軍需工場で働いていた。夜も昼も働きどおしだったので、過労で結核になってしまった。食糧事情も悪く、芋雑炊ばかり食べていたので、栄養も不足していたのだ。帰郷したのは昭和二十年八月の初旬だった。

「父は飛行場で働いていると聞きました。結核の養生のために天草に帰ったんです。その一週間後に長崎に原爆が落ちたんです」

　父親は寸前で命拾いしたが、長崎市には母方の叔父夫婦が住んでおり、爆心地から八〇〇メートルの所にいたため被爆してしまった。数日後、竹森の祖父と父親が、叔父、叔母を探しに行ったが、瓦礫の山の下敷となり重なり合った状態で亡くなっていた。父の弟も軍需工場にいたが、爆風で五〇メートルほど飛ばされた。幸いにも柔らかい箱の上に飛ばされたので、一命を取り止めたという。飛ばされなかった人たちは機械の下敷きになり死んでいたからだ。しかし父たちは爆心地に近い場所を、投下されて一週間も経ってないうちに歩き回ったので、残留放射線の影響を受けていた。

「父はその後、いつも喉が痛いと言っては、龍角散を飲んでいました。放射能の影響だったんですね。父は被爆者手帳を持って病院へ行っていました」

叔父は天草に戻ると、家族にひたすら冷たい水を掛けてもらって火傷を癒した。当時は医者は村に一人しかおらず、被爆者への効果的な対処療法はわからなかった。水を掛けるのが一番いい方法ということしかわかっていなかった。このとき叔父は竹森に話してくれた。

「長崎は地獄だったよ。幼い子が親の死体に取りすがって、父ちゃん、母ちゃんと泣き叫んでいた。家の下敷きになった人は、近くに火が迫っていた。足が挟まれ、この足を切ってくれと言うんだ。足が挟まって外に逃げられないからね。あちこちにそんな光景があったよ」

竹森は長崎への原爆投下が、貧乏のもとになったと考えている。父親は命は助かったが、長崎市にあった家は焼かれて、貯めていた財産もすべて失った。母親は生来病弱だったので、その薬代がばかにならなかった。

竹森は長男で生まれ、小さい時から子守や力仕事をやって親の手伝いをした。実家は半農半漁で、早朝から牛に食べさせる草を用意するために、山奥に草刈りに出かけた。帰りは草の束を両肩に担いで戻って来る。ときには燃料となる木を切って、五〇キロ以上もある薪《まき》を担いだこともある。

「親父を一日も早く楽にさせたいという気持ちが日に日に強くなりました」

彼は語る。待ちに待った遠足の日も、家の仕事で行くことができなかった。長男である彼に家族の家計ものしかかっていたのである。

中学を卒業する頃になると、高校に行かずに働くものだという意識が芽生えていた。

「集団就職したのは一言で言えば経済的状況ですよ。その一番の理由は長崎の原爆ですよ。すべての財産を失いましたからね。もともと大江は貧しかったですから、高校に行けたのはクラスでも三割でした」

それでも病弱の母親の薬代はかさみ、竹森が中学を卒業するときには借金が三〇〇万円ほどになっていた。借金のために畑も山も失っていた。

「社会保険制度があの時代はなかったから、注射一本で五〇〇〇円か六〇〇〇円もしたんですね」

当初は火薬を扱う宮崎県のダイナマイト工場に行くつもりだったが、給料は安かった。そのため給料のより高いトヨタの下請け工場を選んだ。会社は名古屋市にあり、組み立て、鉄板の切断、溶接などを行っていた。

人を騙すな、誠心誠意尽くせ！

昭和三十五年の三月、竹森は長崎駅から乗車した。同級生の多くは熊本の三角駅から乗ったが、彼は親戚が長崎にいたため、長崎駅からの乗車だった。長崎へ行くためには、大江のバス停から、天草の北西にある富岡港まで行く。そこから船で天草灘を渡って長崎へ向かう。そのため友人たちや先生との別れは大江のバス停だった。

竹森は両親を含めて全員がカソリックの信者だった。親戚には神父や修道士、シスターもいた。信者の父と母は、これから故郷を離れる息子にこう諭した。

「都会は生き馬の目を抜くくらい怖い所だから騙されてはいけないよ」

息子の行く末を心配した母の忠告だった。父親はその後、こう語りかけた。

「自分は騙されても人を信じなさい。信じる者は必ず救われるからね」

見送りは、バスが走ってすぐに終わった。

「すぐに曲がり角だから、手を振ったらすぐに見えなくなっておしまいだった」

と苦笑した。その後バスの中で両親の言葉を考えた。自分は騙されてもいい、信じるものは救われるのだから、いつも人を信じようと。以後都会では何回も騙されもしたが、それ以上に多くの人から助けられ生きる勇気をもらった。

このとき竹森は早生まれだから、十五歳になったばかりである。

「我々は親を助けるために自分の意思で就職するわけです。だから自分は何で高校に行けないのだという気持ちはなかったですね。逆に希望があって頑張るぞという気持ちでした。働いて両親の手助けができると武者ぶるいがしました」

門司で鹿児島、大分、熊本の人たちと合流した。同じ会社で働くことになる仲間もいた。長崎から名古屋まで二〇時間、夜は四人掛けの椅子に座ったまま寝た。列車は超満員だった。門司を過ぎて関門トンネルを潜った後に、故郷でのしばりが解け突然に皆と会話が弾み、明るくなった。

汽車は夜九時に名古屋に着き、それから工場に向かった。すぐに工場の見学が始まった。夜というのに社員は皆働いていた。引率した役員は言った。

「明日から働いてもらうから」

皆、肩を落として部屋に向かう。働く前から現実の厳しさに直面した。

集団就職した人が誰でも感じるように、やはり言葉の違いには竹森も戸惑った。

「名古屋の言葉は九州とは全然違うんです。〝お前、強いなあ〟と先輩から言われるわけです。〝僕はそんなに強くないですよ。先輩が強いじゃないですか〟と答えると、強いとは〝頑張ること、偉い〟という意味でした。中学を終え一人で出て、親を助けて偉いということだったんです」

就職先には長崎だけでなく鹿児島などから来た人たちもいた。ただ残念なことに一緒に行った者たちは長くは続かず、半年経つ頃には、八人いた同僚は三人に減っていた。原因は一年目からひと月に一二〇時間を超える残業のためだった。休みは月に一日。ときに二日あるときもあったが、二日休める月は少なかった。下請け工場で仕事が終わると、今度はトヨタの工場に行って深夜働く。すると夜中の一時、二時まで働くことになる。

まだ十五歳と大人の体になりきっていない少年には辛い労働だった。友人の一人は一日中やすり掛けをやっていたが、疲労から大怪我をしてしまった。

逆境は労働以外にもあった。それは九州人への偏見だった。

「あの頃は九州も田舎ということで先輩たちが虐めるわけです。ましてや名古屋弁もわからないでしょ。名古屋弁はきついですからね。それで友人たちは滅入ってしまったんです」

ある少年は、そんな事情が重なり、会社を去った。噂によると繁華街で働いたが、ぐれてしまい、暴力団みたいな仲間に誘われ、いつしか姿も消えてしまったという。

だが竹森はそんな状況など苦にならなかった。それは幼少から家の野良仕事をしており、体の土台ができていたためだった。もともと力仕事には自信があったが、何よりも腕力の強さがずば抜けていた。会社の先輩と腕相撲を取っても負けたことがなかった。

名古屋弁で「竹森はきついな」とよく言われた。きついとは、強いという意味だった。

会社の労働時間は長かったが、社長は面倒見がよく、食事の他にもお腹が空いただろうと、コッペパンにジャムやピーナツを入れたものを食べさせてくれた。

だが雨が降ったときは、気持ちが萎えてしまい、郷里の親や弟たちを思い出して涙をこぼした。雨がゆっくりと落ちてゆく。いつしか少年時代のことを思い出し感傷的になってしまう。

「まだ十五、十六歳ですからね。雨の日にダンボール板を運ぶために外に出るわけです。するとね、自然に目が曇ってしまうわけです。すると田舎で父の苦労している姿が浮かんでくるんですね。親父も雨のなか自分と同じように頑張っているんだなと」

父親は昼間左官の仕事で働いた後に、夜は胆嚢《たんのう》の機能障害で入院している母親のもとに看病に行っていた。親戚の人たちは、母が入院すると、病室にやって来る。だがときに母に心ないことも言う。

「どうしてお前は体が弱いんだ」

それを聞かされるのが本当に辛かった。父は母の傍で拳を握りしめ、黙って聞くしかなかった。

「母だって自分で好きで病気になったわけじゃないのに」

竹森は内心そう思っていた。弟たちも客人が帰ると言った。

「病人の気持ちがわかるか」

竹森の目に、あのときの父の悔しさが脳裏に焼き付いていた。

初めての給料を実家に送ったが、父親はその袋を神棚に上げて神様に感謝した。以後亡くなるまで仕送りが届くたびに、その日付を几帳面に記録して残してくれていた。

しかし竹森は一年ほどで会社を辞める決意を固めた。

「社長さんからは引き留められたのですが、ここにいれば一生使われる身になると思ったんです。先が見えたと思えたんです。使われる人生なら給料は上がらない。うちには大きな借金がありましたから、返さなければいけません。今の状態では何十年勤めても無理だと思ったんです」

このとき給料は四五〇〇円で、残業をして八〇〇〇円になったが、当時の大学卒の初任給は一万円だったから、決して安くはない給与だった。しかしこの金額では母親の病気でできた借金の利息にもならなかった。

「これでは一生借金を返すだけの人生で終わる。どうしたらよいだろうか。まだ少年の知恵でしたけど、知恵も知識も乏しい自分がのし上がって行くには、技術を身に着けるのが一番だと思いました」

不忍が池で故郷偲ぶ

彼は東京にある夜間の職業技術専門学校の願書を取り寄せた。電気溶接、工作などの技術を学ぶ学校だった。目指すは溶接工である。溶接工の時給は一五〇〇円と高かった。さらに難しい技術をこなせば二〇〇〇円以上になる。そのためには技術を覚えなければならない。どうしても技術学校に通いたいと願った彼は一念発起して上京した。

「願書も受け付けてくれたかどうかわからないのに。若さの特権というか、思い込みでしたね」

名古屋から急行に乗って九時間、東京駅に着いたのは夜遅かった。錦糸町のあたりで古い宿を探してその日は泊った。そのときの格好は学生服に帽子を被っていた。その後、夜間の技術学校へ行くと、入学を許可され、勤め先まで紹介してくれた。小さな会社で製缶品、鍛造や火造り製品を扱っており、三人の職人と、一人の若者が働いていた。そこに住み込むことになったのである。熱波で顔の皮膚はずいぶん焼け、天秤を担いで足腰も疲労したが、仕事が終わると自転車に乗って三〇分ほどの場所にある技術学校に通った。

たまの休みには上野公園に行き、西郷隆盛の銅像の前に行くのが楽しみだった。傍には不忍池がある。夕方になれば水面に、夕陽が映る。その光景が天草の大江の光景に似ていた。大江に西平椿《にしびらつばき》公園という名所がある。丘から東シナ海が一望できる。日本の夕陽百選にも選ばれ、夕陽が落ちるとき海に反射して輝く。その光景は少年の竹森には美しく心を癒されるものだった。

「上野の夕陽がね、天草で見る姿と同じでね。池に反射すると大江の西平椿公園から見た光景によく似てたんです。規模は小さいですが、田舎を思い出しましてね。日によって夕陽や雲がすべて池に映るときもあるんです。オレンジ色の池に見えるときもある。こういうときに郷愁の念は強くなりました」

西郷の像の前に佇んでいると、上野駅に東北から来た電車が止まる。自分と同じように働きに出てくる人も多く乗っているのだと思えば哀愁は募る。道を見ると、出稼ぎなのだろう、周囲を見回して歩く男性もいる。一方では駅に向かって荷物を抱えて歩く人もいる。帰省するのだなと直感した。いつしか入場券を買って駅の構内に入って、その光景を眺めていた。

人に使われる人生で終わりたくない

技術学校を卒業すると、一緒に働いていた溶接職人の先輩から「溶接の仕事は腕さえ良ければ一人でもできる」と教えられた。そこで溶接工として本格的に働くために、溶接工を仲介する会社に登録する。この工場では、溶接工の依頼があれば、契約している工場へ派遣するシステムになっていた。全国各地の現場に行き、経験を重ねてゆくうちに、社長から頼まれて全国各地に仕事をしに行った。

昭和三十八年十一月だった。十八歳の彼は、長野県松本市のガス会社に仕事に出かけた。ガスタンクの直径は二一メートル、水槽タンクの高さは九メートルもあり、巨大だった。ふつうはクレーン車を使って組み立てるが、場所が狭いために三五メートルの高さの旋回デレッキを立てて、そこで作業を行うことになった。だが柱を立てるとび職の人が急病で来れなくなった。工事の親方は困った顔になっていた。このとき竹森がするすると上に登り、四日かけて、柱立て作業を終えてしまった。親方や同僚に感謝され、上から降りて来たときに皆が拍手をしてくれた。

「僕は子供の時から木登りをやっていて、高い所も登ることができたんです。このとき工事を請け負っていた会社の社長もいらしており、手伝いに来ないかと言われたんです」

この当時溶接工は「電気屋」と呼ばれていたが、彼は溶接の仕事も熟練してくると「このまま電気屋で終わっていいのか」と疑問を持つようになっていた。

「野帳場巡って一匹狼で仕事をするのもいいですが、やはり人に使われる人生で終わりです。一旗上げようと思って天草から出てきたのに、電気屋だけでは限界がある。もっとものを作る総合的な技術も学ばなければと考えたんです」

そんな葛藤を抱えていたときに、柱の組み立て工事を行ったのだった。

竹森は自らの会社のホームページにある「思い出の扉」でそのときの心境を記している。

〈今回、溶接以外のタンク組み立ての手伝いをする中で、今までになく体を酷使しての仕事に苦痛は感じたものの、自分で組み立てたものが形を成して行く過程の充実感は何ものにも代えがたいものだった。ましてガス供給の源として何十年も社会に貢献する施設と思うにつけ、これほど夢を感じられる仕事があるとは、この体験はこれからの新しい目標を強烈な印象として与えてくれた〉（「運命の出会い　昭和三十八年十一月五日（十八歳）」）

竹森は社長からの誘いに二つ返事で引き受けると、溶接をやりながら、社長から鍛冶の仕事の指導もしてもらうことになった。このときの決め手になったのは、父親の言葉だった。彼は常々竹森に語っていた。

「どんなに素晴らしい考えを持っていても、行動に移ってこそ実現するものだ」

その後、気の許せる友人と三人の共同経営で電気溶接と鍛冶屋も行う仕事を始めた。しかし三カ月で破綻してしまった。原因は友人の一人が利益を三等分するという約束を破って、多額の金額を要求してきたことだった。そこから人間不信に陥り、経営が上手く機能しなくなった。

寒風に吹かれ固まった決意

このとき彼は厳寒の北陸行の列車に乗ってあてもなく旅をした。あえて座席からデッキに立って、冷たい風に吹かれながら、日本海の荒々しい波を見ているうちに気持ちが固まった。波は列車を呑み込みそうな勢いで何度でも迫って来る。それを列車は幾たびも跳ね返して目的地に進んでいるように思われた。

「自分の目標をしっかり定め、何度でも繰り返し向かえば、荒波が来ようとも必ず自分の目的地に着けるのだと思うようになってきました」

彼が「竹森組」という会社を設立したのは、昭和四十一年四月だった。場所は東京都江東区である。製缶溶接業を営み、北海道や関東では石油タンクを完成させた。天草から弟や多くの若者を迎えた。三年後、有限会社竹森工業となり、昭和四十八年に株式会社になった。有限会社になったときは社員は八名だったが、現在はその一〇倍の社員がいる。

「僕は商売をやるにも、家柄、学歴など何もない。経歴書の特技欄に、〈天草の大江出身〉と書きました。自分はこの田舎から裸一貫で出て来ているのだ。何も隠すものは僕にはないからすべてを知ってもらおうと、さらけ出しました。誠心誠意ご奉仕するだけです。そこからの付き合いですから飾らないで三十年、四十年と続いたんです」

会社が成功したもうひとつの要因に、彼は堅実さを大事にしたことが挙げられる。各地の工事現場に行くと博打のために組を解散したとか、借金地獄になって夜逃げする人たちを多く見てきた。彼はそのため賭け事は一切やらなかった。二十三歳でカソリック教会で結婚したときも、式の翌日の朝四時から新潟県直江津の現場に行った。そのため彼は新婚旅行には行っていない。

「原爆がなければ、親父ももっと働いていたし、僕も学校へ行けた筈です。戦争がなければお前たちは苦労をしなくてもよかったのにと周りに言われました。しかしすべてが学校では学べない貴重な人生勉強でした。その苦労が実を結んだのだから、大学に行かなくてもよかったと思います」

竹森が初めて大江に帰省したのは、就職して五年後で、二十歳を過ぎていたが、すでに仕事は独立して頑張っていた。そのため親はとても喜んでくれた。

そして実家の借金の返済も終わり、田畑や山林も取り返したのは、彼が三十歳を過ぎてからだった。両親も長生きし、病弱の母親は七十二歳、父親は八十二歳まで頑張った。

「すべての借金を返したときは、親は涙を流して大変喜んだし、これ以上にない親孝行をしたと思いました。誠実に人に尽くしました、すべては神様のお導きですね」

竹森はよく語る。

「境遇は選べないが、生き方は選ぶことができる」

どんな生き方をしようとそれは自分次第である。

「確かに集団就職は惨めだったという人もいるかもしれない。実際相当虐められていますからね。天草にしても、〝てんぐさ〟と呼ばれて、そこは朝鮮かと言われました。からゆきさんもいっぱいいましたし、そんな目で見られていたんでしょうね」

天草の出身という境遇はよくも悪くも変えることはできないが、今は誇りになっている。

「集団就職は、地方の力を集めて都会の繁栄のためにやったわけですが、あれがあったから日本が急激に発展したと思います。金の卵という言葉を生み出して組織立ててやったわけです。だけど就職列車に乗せられて都会に出ても、屑や鉄にしか扱われない。それでも彼らには勢いがありましたよ。皆が大きな志と希望に満ちてましたよ。一旗上げて故郷に錦を飾るという熱気があったんです」

今、平成の時代は年数を重ねるたびに閉塞感に覆われる気がする。老後破産、雇用悪化、自殺者の増加、不景気、数え上げればきりがない。私たちも肩に多くの荷物を背負っているが、彼の話を聞いていると、どんな時代であっても前を見ること、目的を持つことで、希望の芽は見えてくるように思われるのである。

第四章　僕らは南の島からやって来た

九州、沖縄からの集団就職を記すとき、特色の一つは南国の島々から集団就職があったことである。

南の島と言えば、鹿児島県では与論島、沖永良部島、徳之島、奄美大島、種子島などである。当然、ここからの集団就職の輸送手段は船だった。就職する彼らに両親は忠告した。

「道を聞くときは赤く塗った自転車（郵便局の自転車）か、白と黒に塗った車（パトカー）に乗っている人に聞きなさい」

就職する彼らの胸には、将来は美容院で独立したい、看護師になりたい、腕に技術をつけたいという夢があった。

沖縄県では沖縄本島、宮古島、八重山列島が良く知られている。沖縄は九州とは異なる独自の歴史や文化を持っている。沖縄諸島には十四世紀中ごろに北山、中山、南山の三国が分立していたが、十五世紀前半に尚巴志がこれらを統一して琉球王国を成立させた。首里城が王城だった。その後、江戸時代には中国の清と薩摩藩双方に属し、明治時代に沖縄県となった。

南の島は地理的にも戦争の犠牲を多大に受けている。昭和二十一年一月二十九日に連合軍総司令部（GHQ）が北緯三十度以南の琉球諸島、小笠原諸島とその周辺諸島、北は千島列島、歯舞諸島、色丹島を日本の主権の及ぶ地域から外した。

鹿児島県の奄美群島（奄美大島本島、喜界島、徳之島、沖永良部島、与論島）が日本に復帰したのは昭和二十八年十二月二十四日であった。

沖縄県は太平洋戦争後、昭和二十七年に琉球政府が発足し、琉球列島アメリカ民政府の下に置かれた。その後昭和三十年代半ばから祖国復帰運動が高まり、昭和四十六年に沖縄返還協定が調印され、翌年五月に日本への返還が実現した。ただし、現在も米軍基地をめぐる問題は絶えない。

沖縄から集団就職した人は、本土の人から言われなき差別も受けた。日本返還前はパスポートを取り上げて、他の会社に行けないようにして、低賃金で酷使する会社もあった。とくに沖縄出身者の壁になったのは、「言葉」であった。九州も東北も方言があるが、とくに沖縄の人たちは苦労した。

〈いわれなき白眼視、沖縄を外国ときめつける人々にノイローゼ気味となり、発作的に電車にとび込んで自殺した仲間も出た〉（瑞慶覧薫「沖縄集団就職者の光と影」「現代の眼」・現代評論社　昭和五十一年一月号）

この章では、沖縄から関西にやって来て働いた男性三名と、関東で働いた女性一名を紹介した。また本土に就職する少年少女たちの面倒を見た旅行代理店の人からの証言も記すことで、南の島からの就職を多面的にとらえるように努めた。

沖縄から来て働くということ

ナンクルナイサに励まされて

実際に沖縄から本州に出て働いた人たちの声に耳を傾けたい。

昭和十八年生まれの知念要司は、伊江島の出身である。伊江島は沖縄本島北部、本部半島の北西九キロの海上にある。七十歳を過ぎた彼は、集団就職について「もう五〇年以上も前だから、どこまで覚えているか」と呟いた。

戦争の記憶を聞くと「まだ二歳だったからおぼろげですね」と答えが返ってきた。

「伊江島は戦争でこっぴどくやられているんですね。飛行場がありましたからね。艦砲射撃で島の形が変わるほどやられました。戦争が激しくなり島の北岸にある小さなガマ（洞窟）に隠れたら、上陸した米軍に日本軍と間違えられて、銃撃されて祖母は死にました。大砲の音もボンボンと毎日聞こえていましたね」

戦争が終わると、アメリカ兵がやって来て、チューインガムを子どもたちに投げた。知念たちも兵隊を追いかけて、ガムを貰ったが、最初は怖かった。黒人の兵隊はとくにそうで、彼らを見かけたとき、床の下に隠れて、そのまま奥の方に逃げたときもあった。伊江島からの集団就職は、知念の一期上から始まった。この頃、高校に行く人が半分もいなかったと彼は回想する。

彼は中学を卒業した年の昭和三十四年、集団就職に応募した。同じ学校から応募した同級生三人と卒業を待たずに港に向かった。

「大阪市港区にある従業員三〇人程の自動車の修理工場でした。社長も沖縄出身で、一期上から沖縄出身者を採用していたんです」

那覇港からの出港だったが、乗船する浮島丸には新たに就職する一〇名と一緒だった。

船に乗ると、港で見送る人たちとつながったテープを握りしめた。デッキからテープを持ったまま見送る人たちを眺めてゆくと、やはり切ない思いがこみあげてきた。港には知念の母親が見送りに来てくれたが、たくさん握ったテープが、船が動き出すと、一本切れ、二本切れ、やがてすべて切れてゆく。

「テープって切なくなりますね」

知念はそう呟いた。ちょうど船が伊江島を通ってゆく。この島では船が通るたびに火を焚いてお別れする風習があった。彼が乗った船は夕方に伊江島の東側を通った。このとき同級生が船の見える場所で火を焚いてくれた。その火は、船中にいる知念にもはっきり見えた。僕を送ってくれるんだ、そういう思いで眺めていた。

船は大きかったが、客席ではなく、下の階に絨毯が敷かれ、そこで雑魚寝をした。

知念は沖縄時代には、あまりドル紙幣を使っていない。「B円（正確にはB型軍票）」というアメリカ軍が発行した軍票を使った。B円は正式には連合国の共通の軍票である。昭和二十三年から三十三年まで当時アメリカの占領下にあった沖縄や奄美諸島では通貨として使われた。昭和三十三年九月にアメリカのドル通貨へ切り替わった。レートは日本円三円が一B円となり、一ドルは一二〇B円だった。

知念は昭和三十四年に沖縄を離れているから、ドル通貨を使ったのは一年にもならない。

「僕はドルにはあまりなじんでいませんでした」

大阪では寮生活だから、殆ど買い物にも行かず、日本円での戸惑いはあまりなかった。

ただ多くの沖縄出身の人が指摘するように言葉の壁はあった。それも彼の場合は、同じ沖縄同志の間での言葉の違いだった。

いわゆる琉球語は沖縄方言のほか、奄美方言、八重山方言があって、互いに意思疎通が難しいほどに違っている。沖縄とひとくくりに言っても、沖縄本島のある沖縄諸島から南に遠く離れて宮古諸島、八重山諸島などがあり、それぞれ固有の文化、歴史を持っている。

知念と同じ会社の沖縄出身者には沖縄島南部の首里市や中央部の恩納村の人たちもいた。

「僕だけは知り合いがいなくて、言葉もイントネーションも違う。仲間たちは話しているけど、彼らに僕が話しかけてもわからんと言う。ストレスも溜まりますわね」

数年後に沖縄からやって来た人たちは言葉や食事になじめず郷里に戻った。

もう一つは大阪港の景色である。海が黒かったこともそうだが、枯れ木のような街路樹の景色が異様だと感じた。並木には葉がない。青空がどんよりとして、今まで見た沖縄の風景とは大違いだった。

自動車の修理工場は休みは日曜、祭日を除くと、月二回だった。だが二回休む人はほとんどいなかった。見習い中の社員は会社の方針で坊主頭にさせられた。

「外に出るときが嫌でしたね。少年院から逃げてきたみたいに思われて、警察に呼び止められたこともあります。でも会社名を言うと、〝頑張れよ〟と励ましてくれました。それからは帽子被って外出しました」

仕事は朝の八時から始まるが、六時くらいから修理のため倉庫に入っている車の移動清掃や便所や風呂の清掃、朝食の準備手伝いなどの当番もあった。お客さんの都合で、夜になって「修理してくれ」と言われれば、その場でやらなければならない。夜十時まで働くのはざらだった。そんなとき、楽しみにしていたプロレス番組を見ることができないのが残念だった。

「こっちに来てからは仕事ばかりでしたね。しんどかったですね。いずれ自分で修理工場をやろうかと考えていました。手に技術をつけるわけだし、僕自身も沖縄を出たかったのは、自分で一本立ちしたいという思いもあったからなんです」

知念のいた会社には沖縄出身者が多かったので、面と向かって差別を感じたことはなかった。次の年に来た人たちは「味噌汁の味が合わん」と不平を言ったが、彼はそれは感じなかった。

「だけどホームシックにはかかりましたけどね」

彼は照れ笑いをした。初任給は七〇〇〇円だった。

「言葉の問題と言えば、あのことがありましたね」

と知念は言って、遠くを見るように回想した。彼の口から出たのは、「方言札」という言葉だった。辞書によれば、こんな記述がある。〈「方言札」……標準語教育推進のため、小中学校で方言を話した生徒に罰として首から下げさせた木札。かまぼこ板ほどの大きさの「方言札」と墨書した板を、方言を話した他の生徒が見つかるまで下げさせるなどした。特に標準語教育が厳しかった沖縄では、明治四十年ころから昭和三十五年ころまで用いられた。〉〉

知念が方言札を使ったのは小学校一、二年の頃だった。この方言札の制度も沖縄でもいつまで行われたか地域差もあるようだ。昭和十八年生まれの知念は、小学校二年まではあったと証言している。その計算でいけば伊江島では昭和二十六年まで見られたことになる。

知念は方言札はとくに明治から昭和の初めによく見られたと語っている。

「僕らの小学校では標準語を使えと言うんです。方言（沖縄の言葉）を使った者は、札に紐をつけてね、首から掛けるんです。次に方言を使った者を見つけたら、その人に札を掛ける。沖縄の言葉が差別されていたのです。標準語を普及させるための同化政策ですわ」

ただ意識してなかなか方言を話さないときもある。すると方言札を下げた者はいつまでもぶら下げていなければならないから、どうしても他人に方言を話させなければならない。

生徒たちはこっそりと相手の足を踏みつけた。踏まれた相手は「あが～（痛いの意味）」という方言を発してしまう。そうやって札が回されていった。

「僕も一回くらい、札が首から掛かったことがありますわ。でもね、人の足を踏むのもねえ。自分がされて嫌なことは、人も嫌ですからね。むちゃくちゃでしたね」

そんな体験が知念の少年時代にあった。彼は大阪では働きながら定時制高校にも通う。仕事と両立して学校に通うのも辛かったが、彼は沖縄のある言葉に励まされていた。

「ナンクルナイサ」

である。琉球言葉で〈何とかなるさ〉という意味である。どうにかなるのだから、肩ひじ張らないで頑張ろうという意味につながってゆく。

当時定時制高校の卒業率は半分ほどだったが、知念は高校を卒業する。そんな彼の楽しみは映画を見ることと、高校野球だった。休日は昼前から三本立て五〇円の名画を繰り返し見た。高校野球では、沖縄県代表が出場すれば、必ず甲子園球場に行った。

「私は沖縄代表の試合は殆ど見に行っています」

沖縄県代表は昭和三十三年の夏の大会に甲子園初出場を果たすが、一回戦で敗退した。このとき首里高校ナインが持ち帰った甲子園の砂が、那覇港で検疫の問題で処分され、母校に持ち帰ることができなかった。当時沖縄はアメリカ占領下にある琉球政府に統治されていたため、日本とは別国家だと見なされていた。

以後沖縄県代表は勝つことができなかった。しかし昭和三十八年の夏に首里高校が日大山形を相手に甲子園の初勝利を挙げた（試合は西宮球場で行われた）。

「西宮の大会は、友人と見に行きましたよ。だいぶ勝ってなかったからねえ。だけどねえほとんど負けたことしかないですよ」

昭和三十八年の選抜大会では、首里高校はＰＬ学園の戸田善紀（後阪急ブレーブス）の前に大会記録の二一奪三振を喫して負けた。雪の降る寒い日でナイターになった試合だった。雪にも慣れておらず、ナイター設備のある学校は沖縄になく、何もかもがハンディの中で戦っていた。

やがて知念は独立し、現在は水中ポンプ等の修理業を共同経営で行っている。

「今と違ってあの頃は仕事がなかったですからね。したくてもできなかった。今は仕事も多いですから、好きなことをやって欲しいですね。僕らの時と時代が違いますからね」

伊江島の光景も、ずいぶん変わった。昔の家は屋敷林で一杯だったが木も少なくなった。家自体がいい造りになったので、防風林の役目をしていた木は不要になったのだ。

「日本への返還、沖縄の海洋博、歴史はありましたが、あまり印象はないですね。自分が海洋博などに行けるわけじゃないですからね。木もサンゴ礁の石垣も取っ払われて、故郷に帰っても寂しいです。昔はここらに木があって、夏はここで遊んだのにという気持ちに襲われるんです」

知念の脳裏には、いつも大阪で初めて食べた食事を思い出す。それはオムライスだった。初心を忘れないように初めて大阪に来た日を記念日と決めて、心を新たにしている。

日本円への戸惑い

次に沖縄から上京した女性の事例を紹介したい。

若木光子は、昭和二十七年コザ市（現・沖縄市）生まれ。沖縄本島の中部にあり、那覇市のやや北東部に位置する。昭和二十七年生まれの彼女は高校を卒業して、本州にやって来た。

高校卒業者も多くなった時代で、彼女は集団就職ではない。

コザ市は嘉手納基地などの米軍基地が次々と建設され、小さい時から基地に勤務する外国人の姿を見ながら育った。

「外国人の町でしたね。白人街と黒人街があって学校の行き帰りに外国人を見ない日はなかったですね。あまり違和感も怖さもなかったです。紳士的で恰好よかったですから」

沖縄を離れたのは、兄弟姉妹が一〇人いたこともあり、本州で働きたかったからだった。

「私の場合は、また戻ってきてもいいなという思いでした。私は一度田舎から出たくてたまらなかったので、期待感がありました」

昭和四十六年に神奈川県茅ヶ崎市の自動車会社に就職したが、このときは本州へ向かうのにパスポートが必要だった。この頃は日本に返還される一年前だから、若木は日本円を使ったことがなく、ドルを使った。驚いたのは会社の寮で生活してからだ。

お金はドル紙幣を持ってきているから、会社が日本円に換金してくれた。

「やはりわからないんです。洗面器やスリッパなど日用品を買いに行って、いくらと言われても。掌にお金を乗っけて、私が払わずに、店の人に必要な金額を取って貰っていました」

車両の通行も、日本とは正反対。対向車線から車が来ると、ぶつかるのではないかと肝を冷やした。電車も乗ったことがなかったので、乗ってみて左右にドアがあり、こんなに広いものかと驚いた。よく話題になる茅ヶ崎の海も、沖縄の海に比べれば黒かった。

差別はなかったかと彼女に聞くと、すこし考える仕草になった。

「そりゃないことはないと思います。何かの話をしているときに〝沖縄だからね〟という言い方があったくらいでしょうか」

とくにホームシックにもかからず一年が過ぎると、昭和四十七年、沖縄の本土復帰が決まった。大きな時代の転換だったが、彼女は、むしろ心配のほうが大きかったという。

「アメリカの基地が気になりました。心配のほうが大きかったですね。軍の施設がたくさんありますからね、そこで働いている人たちも多いんです。基地に対して不満があったのも事実です。でもこの基地がないと生活が成り立たないのも事実としてあったんですね」

彼女は複雑な表情をした。高校生のとき、地元民がアメリカ人に対して暴動を起こした。彼らの車をひっくり返して抵抗した。だが生活という面では、基地は大きな労働の場を沖縄の人に提供していた。

「自動車会社は単純な仕事でもあったし、長くしたいとは思いませんでした。もっと頭を使うような仕事ができないかなと思いました」

就職した翌年末に退職し、新たに事務の仕事をしながら、テレックスを学ぶ夜間学校に半年通った。

「技術が身につけば、とくに東京で就職する必要もないので、沖縄に帰ってキーパンチャーの仕事をしたんですが、大阪に派遣されて、そのまま大阪で働くことになりました」

沖縄を離れて四〇年あまりが過ぎた。だが彼女の中にやはり沖縄への熱い思いは今もある。

「都会で沖縄出身の誰かが事件を起こしたと聞いたときは胸が痛みました。沖縄でいいことがあるととても嬉しくなる。その思いは今もあります」

長く都会でやって来た理由を尋ねると、兄弟姉妹の多さを挙げてくれた。親は他の兄弟の面倒も見なければならないから、一人だけに時間をとって相談に乗ることも難しい。相談するのも遠慮がちになってしまう。そのため人生は自分で考え、切り開くという姿勢が養われるのだという。

「それと私は自分が本州に出てくるときも、一人で独立したいという思いがありました。一人で生活したいと思っていたから、やってゆけたんでしょうね」

道は開ける、という言葉が脳裏をよぎった。

勤続四七年

下條正隆は、昭和二十五年一月にうるま市に生まれた。沖縄本島の中部にある市である。もともとは「下茂門」と書いていたのを、小学校四年生の頃に、誰も読めないからと父親が「下條」という字に変えた。彼は昭和四十一年に関西にやって来た。最初に就職した会社から、一度も転職することなく勤続四七年、定年まで勤めあげた。

「俺、長男だから一〇年ほどしたら沖縄に帰って来いと言われた。親の面倒を見ないとあかんからね」

だが結婚し、家庭もできると、関西で生活することになった。

「沖縄から集団就職する人はお金をもうけに来ている人も多い。だから辛抱強いのかな。同期で五六人が就職したけど、定年まで残ったのは一二人しかいなかった」

下條の父親は米軍基地で働いていた。当時はベトナム戦争も行われており、故障して基地に戻って来た飛行機などの部品をばらす作業に従事していた。部品で使えるものは、再度加工して使う。その選別も行った。

下條は、中学を卒業して就職先が決まっていなかった。ちょうど一期上の先輩が一緒に大阪に行かないかと誘ってくれた。この先輩は那覇市の職業安定所に行って、就職を申し込んでくれていたのである。そこに下條も追加で申し込んでいた。

「この先輩は恩人です。この人がいなかったら現在の僕はおらん」

ただ彼は長男である。都会で働きたいという夢もあった。だが父親に言えば反対されるに決まっている。そのため母親に出発する二日前にこっそり伝えた。

「急に決まったんや。大阪に行ってくるから、それまで誰にも言わんといてくれ」

母親は驚いたが、見知った先輩もいるし、大丈夫だからと説得した。

沖縄から関西へは船である。昭和四十年初頭は、那覇港から関西汽船の船が運行していた。黒潮丸、浮島丸などの船があったが、下條は浮島丸に乗って那覇港から出発した。

このとき港には母の姿があり、懸命に手を振るのが見えた。三泊四日船に乗って神戸に着いた。寝るときは薄めのバスタオル一枚だった。

大阪に着いて驚いたのは、川の臭さだった。ちょうど職場は神戸製鋼などのある工業地帯にある。彼はそれを「醤油川」と呼ぶ。

「ヘドロで工業用水が流れているでしょ。もうこの臭さに参った。魚一匹いないし、川が死んだみたいでした。ハンカチで鼻を抑えて走りました」

ただ会社の寮に着くと、すぐにパスポートを没収されたのには参ってしまった。沖縄に逃げさせないためと分かっていたが、もし家族に何かあったら帰らなければならない。

「親父が病気したら帰りたい。脱走もできず、逃げられないように管理されたのが嫌でした」ただし一年間頑張って働いたら、パスポートを返してくれた。下條は大丈夫だと会社は判断したのだった。

時代は昭和四十五年の大阪万国博覧会に向けて高度成長を遂げていた。下條の会社は万博会場を作る工事を担当しており、丘陵を削る仕事を行った。水道管、自動販売機なども作った。

「あの当時は、工事するにしても命綱がなくて、工事現場の高い場所から足踏み外して落ちて死んだり、怪我したのがようけおりました」

日本は万博開催に向けて急ピッチで工事を進めていた。その土台には額に汗して命の危険を顧みず働いた多くの人たちがいたことはあまり知られていない。

「万博の仕事がものすごく金になってね。給料はふつうだけど、残業はやり放題で手当てもその分つきました」

そんな日々で彼は初任給二万七〇〇〇円の中から、毎月三〇〇〇円を仕送りした。弟や妹に服でも買ってもらえれば、という気持ちだった。「使《つこ》うたらあかんで」と親に念押しもした。

下條は寮の門限が午後十時と厳しかったので、夜も飲みに行かず、金を使う事もなかった。彼が二十歳になって成人式を迎えるときだった。この頃は既製服の背広は少なくて、背広を新調することがふつうだった。仕立て屋で四万円かけて背広を作ってもらった。そのときだった。実家から手紙が来た。封を開けると、「なぜ金を送ってくれないのか」と督促する内容だった。彼は背広を作ったから、しばらくはお金は送ることができない、と返事を書いた。また実家から返信が来た。

そこには母親が送金した金で一〇万円のカラーテレビをローンで買ったため、支払いに金が必要なこと、父親は洗濯機を買ったことが書かれてあった。

「カチンと来ましてね。弟や妹のために四年間毎月お金を送ったのに、内緒で買い物をしていた。それを聞いたとき腹立ってね、それからお金は送っていません」

それと苦労したのは、これも多くが指摘するように、言葉の壁だった。下條は言葉のセクハラと述べる。彼が寮で先輩たちに「おはようございます」と挨拶する。彼らはこう答える。

「沖縄はアメリカに支配されてるから英語でしゃべると思った。どこで標準語覚えたんや」

自己紹介をすると、彼らはさらに嘲笑する。

「え？　沖縄なのに共通語知ってるわ」

下條はこのとき、唇をかみしめて呟いた。

「あれだけは一番のネックやったな。ずいぶん突き刺さりましたよ。僕は未だにその言葉が忘れられません」

そんな中で喧嘩も起こった。仕事を教えてもらっているときも、本土の言葉は、沖縄の人からみれば喧嘩を売っているように感じる。言葉がかみ合わないから、仕事で指導されても意味がわからない。早口言葉でまくしたてられるから、なお伝わらない。先輩は怒鳴った。

「お前、バカと違うか。何べん教えたら気がすむねん、このアホ！」

ハンマーを目の前に投げつけられ、下條も相手の胸倉をつかんで喧嘩になった。小さいときから空手をやっていたから、すぐに急所と太腿を蹴ると、相手はうずくまって立てなくなった。悶絶したように急所を押えて唸り声をあげていた。

「顔を切ると大変なことになるから、歩けないほど太腿を蹴ったこともあります。肉離れでそのままダウンするのです。顔は可哀想だからね」

仕事の指導と言っても、簡単なものから、難しいものまである。上司から言わせれば一回教えたものを何回も聞くなという思いで怒るのだが、言葉も通じない中で一度で覚えることは不可能なのである。

そんな毎日を支えたのが、やはり沖縄の言葉の「ナンクルナイサ」であった。

「どうにかなるという精神が沖縄の人は強いわけです。朝、昼、晩必ず食べなくてもいい。一日一食でもいい。水を飲んでも生きているんやから大丈夫や、死にはしない、そんな意味にとらえていますが、僕もこの言葉が好きなんです」

仕事は午後七時半に終わる。十時に消灯だから、遊ぶ時間は殆どなかった。ごはん食べて風呂入って、テレビを見たらすぐに消灯になってしまう。もっぱら外に出かけるのは土、日曜だった。そのうち恋人もできたが、デートは休日の日だった。やがて二人は結婚したが、意外にも仕事を辞めたいと思ったのは結婚してからだった。

「子どももできて、生活も苦しかったからね。家庭を持ったら寮には一〇年しかいられないと言われていたから、家を買うか、部屋を借りるかしないといけない。もっと給料のええとこ探してみようと思ったりもしました」

このとき妻が助言してくれた。

「お父さん、ええやないの。贅沢さえしなければ、大丈夫よ」

下條は会社に踏みとどまり、小遣いは月三〇〇〇円にして、定年まで勤めあげた。

その中で楽しみは、多くの沖縄出身者がそうであるように甲子園大会だった。出ては一回戦負けの繰り返しだった沖縄代表も、裁弘義が豊見城高校の監督に就任すると、沖縄の高校野球は様変わりする。エース赤嶺賢勇の活躍で、昭和五十年の選抜大会でベスト8に入った。

「春の選抜大会は九州大会で勝たないといけないから、甲子園に行けないこともあった。まだ沖縄はレベル的に苦しかった。甲子園に出ても一勝すれば祝ったくらいだったからね。もう会社休んで見に行きました」

とくに忘れられないのは、豊見城高校が昭和五十年の春、準々決勝で原辰徳（後巨人）のいる東海大相模と対戦した試合である。スターぞろいの東海大相模に豊見城高校は一歩もひけをとらず九回二死までリードした。だがその後に力尽きて逆転負けしたが、伝説の名勝負として今も語られている。彼は思い出して呟いた。

「あの試合は忘れられない」

平成二十二年に興南高校が春夏連覇したときは、会社は一二日間休みになった。

下條も小学校の時代に「方言札」の体験があった。方言を使って、紐の着いたベニア板に「方言札」と書かれたものを首に掛けられた。

「沖縄の言葉は自分たちのものなのに、何で学校は使わせないいんだろう」

と子供ながら疑問に思った。授業時間に方言札を掛けられて、水の入ったバケツを持たされて廊下に立たされた。休み時間になると子供たちが廊下に出てくる。そのとき様子を観察して、方言を使った子供を見つけると「あんた方言使った」と札を渡した。

「差別の感じがして嫌でしたね。自分たちの言葉を使って何が悪いんだと思いました」

下條は小学校から中学途中まで、七年間くらい方言札の習慣は続いたという。もう一つは娘が物心ついてから沖縄を嫌がったことだ。

「夏休みに子どもを連れて沖縄に帰ったんです。祖父に会いに行きました。その思い出を日記に書いていたら、クラスの誰かが見たんですね。子供が〝沖縄の人〟と言われて嫌な思いをしたと言いました。それから〝お父さん、沖縄の踊りをしたり、県人会に行くのはやめて〟と言われたこともあります」

娘は小学生の頃には、級友から受けた言葉で傷ついたときもあった。

そんな彼女もやがて沖縄を誇りにしてくれ、修学旅行で沖縄に行ったとき自然の雄大さにとても喜んだ。

下條の歩みは、高度経済成長とともに沖縄が本土復帰してゆき、大きな転換に立った時期と重なる。沖縄が日本に復帰したときは嬉しくて飲み歩いた。電車に乗ったとき、上りと下りが交差するとき、ぶつかるのではないかと心配になったのも遠く懐かしい思い出だ。

定年後は親との約束を守って沖縄に帰るつもりだった。だが家族を関西に置いたまま戻るわけにはいかなかった。

故郷を離れて半世紀近くたったが、下條の体には関西に住んでいても沖縄の存在は年を経るごとに重きを占めるようになった。そう実感する日々が続いているという。

暴れん坊将軍

中村忠正は昭和二十一年三月に沖縄本島南部にある島尻郡玉城村《たまぐすくそん》（現南城市）前川に生まれた。祖父の代まで仲村と書いていたが、父親の代で中村と変えたという。四、五名の仲間とともに関西に就職した。

「僕らの頃は紡績や繊維が盛んでね、集団就職も貝塚市や一宮市の紡績や繊維の会社からものすごく募集があったんですよ」

中村はそう語った。彼は昭和三十六年に中学を卒業すると、関西の松下電器の下請け会社に就職した。地元に在住する企業の仲介者が「ここに勤めたらどうですか」と勧めてくれたからだ。神戸までの船の運賃は自分で農作業をして稼いだ。

船は三等の席で、船底だった。揺れも激しいので船酔いする者が続出した。

「油臭くてね。重油の匂いがするんや。三等席には初めから洗面器が置いてあった。吐くために用意されていたんだね」

船は途中の奄美大島の名瀬港にしばらく泊まった。そこで船から降りて散歩したいと思ったが、降りることはできなかった。おそらく逃げ出すのを防ぐためだったのだろう。神戸に着くと、神戸銀行でドルを日本円に替えた。

洗濯機の部品を作るのが仕事だった。

「まあ町工場なんだけど、僕は暴れん坊将軍だから、寮に入ってごっつい不満があったわけや。まず朝飯や。俺はよう食うから、ご飯をようけ入れてくれと寮長に言うたんや。一週間は入れてくれたけど、次の週から量が減った。これでは仕事にならんで、と言うたら寮長は皆それでやっとるから我慢せえと言われた。これではあかんなと思った」

さらに寮には鹿児島から来ている先輩たちも何人かいた。ここで内地（いわゆる当時の本土）と沖縄で意見の違いもあり、こじれてしまった。

「いろんな意見が合わんわけや。それに言葉に俺らは訛もあるやろ」

ここでも言葉の問題が起こった。

「寮でも先輩たちが沖縄は英語ばかりしゃべるやろと言うわけや。だけど俺は勉強してないから、英語は読めないいんや。ローマ字だって書けん」

中村は内心思った。沖縄は英語を使わない。沖縄には沖縄の言葉があるのだと思った。彼はそのときを回想する。

「差別みたいに感じるわけや。この頃（昭和三十六年当時）沖縄はアメリカの植民地みたいなものだったしね。だから先輩たちの考えは当たり前かもしれん。だけどこっちは何馬鹿にしとんのけと思ってしまう」

また沖縄の言葉がよくわからず、相手がきつく言われたと錯覚して、彼らが感情を害したこともあった。言葉のすれ違いは予想以上に大きかった。

中村は一カ月半いると給料を貰って夜逃げした。兄が尼崎市で公務員をしていたので、彼のアパートに住み、そこでゴムを作る会社に就職した。そこでも内地の人間と合わなかった。

「内地の人は生意気言うからな。沖縄の人間は団結力が強いからな、沖縄の知人と一緒に俺にひどいこと言うた奴を引っ張り出して、しばいた」

相手はナイフを持って来たが、沖縄の友人は空手をやっていた。中村たちはヌンチャクを用意した。だが喧嘩は社内でも問題になってしまった。

「わしらの空手は中途半端やけど、喧嘩には負けなかったからね」

沖縄にいる頃に空手の師範が近くに住んでいたので、日ごろから藁を木に巻いて突く練習をしていた。その一環でヌンチャクも稽古していた。

中村は会社を辞めざるを得なくなり、名古屋に行って網棚を作る会社で働いた。その後、大阪に戻って運送会社にも勤めた。だが会社は倒産したので、コンクリート製造会社で働き、定年を迎えた。

やはり中村も沖縄の様々な想い出が脳裏を駆け巡る。沖縄が日本に復帰したときは子供を連れて帰省していた。突然道路標識が変わり、車の通行が右側から左側になった。同時に警察の機動隊が道路のあちこちに配置されて立っていた。機動隊は神戸港から船に乗って大挙して沖縄に送られたのだ。万一の動乱に備えるためだった。

「運転していたら機動隊が怖くてね。彼らは交差点に立っていたわ。運転も日本のルールに変わったけど、交差点が怖かったですね。ただね、沖縄も日本になったのだという感覚があったね」

中村は定年を迎えて沖縄に帰りたいという気持ちが強くなった。兄は市役所を定年退職すると、沖縄に戻った。子供がおらず、奥さんも沖縄を好きだったので、すぐに実行に移すことができた。ただ中村の場合は子供、孫もいるから、なかなか戻ることも難しい。

「妻は沖縄出身ですが、子どもと孫がいますから、どうしても面倒見ないといけない。沖縄と関西を行ったり来たりになるので、お金もかかりますからね。だから、いったん帰省したら半月はいます」

やはり中村の中にも沖縄の存在は年を追うごとに大きくなっている。

引率者の切なる思い

旅行代理店として

沖縄からの集団就職に携わった人物に現在大阪沖縄県人会連合会会長の嘉手川重義がいる。彼は昭和十七年生まれで、両親が沖縄県出身である。彼は神戸市の生まれだが、小学生のとき沖縄に戻った。もともと沖縄で旅行会社に勤務していたが、昭和四十六年から関西に戻って来た。二十八歳のときである。旅行会社が大阪に営業所を出して、沖縄からの集団就職者の輸送に関わるようになったためだ。

沖縄からの集団就職者は関西が多い。その理由を彼は語る。

「沖縄出身者が大阪や関西に多いのは、やはり船だと関西のほうが東京よりも近いことですね。親戚なども関西にいたから安心感もあったと思います」

少年少女たちが乗る船は旅客船で、沖之島丸などであった。重さは七〇〇〇から八〇〇〇トンあり、大きな船だった。那覇港に沖縄諸島から来る集団就職者を集合させて、船に乗せる。ひとつの船に五〇〇から六〇〇名が乗れるが、ここには一般乗客も一緒に乗った。これらの手続きを日本交通公社が行って、実際の出発や受け入れは、嘉手川の勤務する旅行会社が行っていた。

この頃、勤務する会社は大阪に支店があったので、神戸港に着く船を迎える役目を担った。このときは、沖縄県事務所の人たちも一緒に担当した。

「旅費を貰って本土に行けるわけだから、港に着いて逃げるのがいるわけです。そういう子たちも見張って逃がさないようにして、きちんと雇用者に引き渡す役目もありました。パスポートも必要でしたから、まとまって船から雇用主のところまで移動させるわけです」

彼が印象に残っているのは、船旅で神戸港に着いたときの少年たちの表情だ。船が神戸港に着くと、嘉手川は船内に入って、パスポートの用意をさせて、見回って歩く。このとき煙草を吸うなど生意気な高校卒の就職者もいた。中学生も自分たちは都会に来ても平気だよという顔で騒いでいる。

だがふとした表情に、彼らの本音を見てとった。気づかれないように哀しい顔をしていたときがあった。

「彼らも本当は寂しいんですよ。まだ子供ですからね」

そのため子供たちがきちんと働けているかどうか確認するため、沖縄県事務所の職員は、集団就職者の職場を毎年定期的に見回るなどの活動も行っていた。

昭和四十六年と言えば、沖縄が本土に復帰する一年前である。この時期になると集団就職の目的も昭和三十年と様相が変わって来る。

「子ども自身も寂しい気持ちもありながら、一回は東京や大阪に行ってみたいという希望ですね。それがあったように思います。それに企業も夜間高校に行かせるようになりましたから、学校に行きたいという子供もいました」

男子だと大手の自動車会社、女子だと看護師見習い、バス会社などに就職するのが多かった。だが言葉の壁は大きく、就職しても社長と合わず、社長の家に火をつける事件もあった。

「そういう事件もあって、沖縄県事務所が沖縄から就職した人たちの勤める企業を回ったり、相談に乗ったりしました。さらに〝がじまるの会〟*もできました」

「がじまるの会」のある大阪市大正区は戦前から紡績工場などがある工業地帯だった。大正時代から沖縄出身者が住み、今でもおよそ八万人の人口のうち四分の一を沖縄出身者が占めている。この頃、沖縄では食糧難で、ソテツの実を食べて飢えを凌いだことから「ソテツ地獄」とも呼ばれていた。沖縄出身者は紡績工場の多い大正区に、出稼ぎにやってきたのが、本格的な移住の始まりである。だが本土との文化や風習の違いは大きく、店などでも「琉球人お断り」と貼り紙が貼られるなど不当な差別は多かった。

またもう一つの取り組みとして「沖縄ふるさとの家」がある。県外で働く沖縄出身者に家庭的なだんらんの場を提供し、親睦、やすらぎを与え、勤労意欲の向上、定着化を目的に作られた。沖縄県が昭和五十四年に東京に設置したのが始まりである。以後昭和五十五年に神奈川、愛知、大阪にも作られた。沖縄県出身の人で、県から委嘱された有志が自宅を開放して、里親のような立場になり、ときに相談に乗ったり、同胞たちが語り合う場として使っている。元来沖縄には互いに助け合う「ゆいまーる」という言葉がある。「沖縄ふるさとの家」も「ゆいまーる」の精神が発揮された制度であると言えるだろう。

沖縄県の集団就職は昭和五十一年三月二十九日に終わった。このときは飛行機による移動であった。新規学卒者二三九名が飛行機に乗って、東京、大阪、名古屋空港に向かった。これをもって国による集団就職は終わりを告げる。山口覚によれば、一九六〇年代には沖縄では空からの輸送が行われていた。昭和四十一年には全日本空輸による空からの集団就職が行われたのもそのひとつである。

＊「沖縄青年は団結しよう」「単身集団就職者の生活と権利を守ろう」「沖縄の自然を守り文化を発展させよう」と三つのスローガンを掲げ、昭和五十年に「関西沖縄青少年の集い ガジュマルの会」として設立。平成十八年に「関西沖縄の集い がじまるの会」に名称を変える。

第五章　年季奉公

——封建的労働の名残り

「年季奉公」は一年間を単位とする奉公である。奉公は元来武家の主家に対する家臣の奉仕を意味していたが、江戸時代以降、主家の家に住み込み、家業や家事を手伝うことも含まれるようになった。多くは縁者や知り合いをとおして、就職した。この制度は近代でも明治期から戦前までに行われたイメージが強い。しかし、戦後になっても地方ではこの制度は行われ、高度経済成長期にも年季奉公する人たちがいた。ここで年季奉公を取り上げたのには理由がある。

年季奉公は集団就職ではない。しかし、高度経済成長の時代に底辺で働くことの意味を探ることとは、集団就職で働くことと根底では同じである。家庭の事情で、十五歳になったら働かなければならない中で、集団就職で都会へ行くか、あるいは年季奉公として地方の豪農で働くか、その選択の中で後者がより厳しい道のりであったろう。集団就職がさかんであった時期に、年季奉公をした人たちの人生を辿ってみたい。一人は熊本県上天草から県内の農家で働いた女性、もう一人は熊本県南阿蘇郡で、やはり農家で働いた男性である。共通するのは向上心強く、やがては奉公先を離れて、自分の人生を開拓し、成功を収めた点である。

これも高度経済成長期の仕事のありようの姿である。集団就職とは違った視点で、働くことの意味と自分の人生の道を開くことを探りたい。

働く者に貧乏なし

差別に耐えて

原千恵子は、大阪市でオッペン化粧品の営業所の所長を務めている。彼女は昭和十九年に熊本県天草郡に生まれた。実家は漁師。六人兄弟姉妹の長女で、父と二人でクルマエビの漁に出て、それから学校に通う毎日だった。彼女は当時を述懐した。農業もやっていたので、農繁期は学校を休んで手伝った。

「それでも現金収入が少なくてねえ」

本当は、集団就職に行って都会で働きたい気持ちがあった。だが彼女は中学を卒業すると、熊本県菊池郡の農家に年季奉公に行くことになった。父親からの要望だった。

「中学時代に自分にも夢がありました。その頃は集団就職が流行っていたので、学校からの斡旋で岐阜のタイル工場から求人が来ていた。紡績工場もあったけど、あそこは綿ぼこりで母の姉が死んでいるんです。タイル工場は安全だし、制服もセットでくれるし、寮に入って、縫物とか習い事も教えてもらえる。それで求人申込書を家に持って帰ったんですが…」

そこまで言って、言葉が止まった。父親が就職に反対した。集団就職すれば月給制になる。そうするとまとまったお金が入らない。年季奉公は、奉公に行くときにまとまった金額を貰って、働きに行く。大きな網を買わなければならなかったので、早急に現金を必要としたのだ。集団就職しても会社からの月給では網が買えなかった。父親は求人申込書を学校に返しに行った。網がないと、他の五人の子供たちを養うことができない事情があった。

「本当は月割で考えたら、会社に行く方が報酬が高いんですけどね。奉公は最初にお金を貰ったら収入は何もありませんからね」

彼女は笑った。年季奉公は一年契約である。このとき年間四万五〇〇〇円の奉公代が、奉公先から支払われた。四万を父親が受け取り、五〇〇〇円を彼女に渡した。

「女の子だから生理用品もいりますし、いくらかはお金を手元に置かないといけませんからね。ただお金を先取りしてるから、私は逃げるに逃げられないんですよ」

奉公に行ったら、馬の世話、牛の世話などして、早朝から夜まで働く。馬に車を引かせて畑まで働きに行かせる。ただ仕事は農作業だけではなかった。

「道路工事など作業も地域で一緒にやるんですが、一軒ごとに人を出さなければいけない。私が奉公先の代理で出ましたが、中学出たばかりの女の子にはきつかったねえ。そこで一緒にいた人たちから、すごい差別語を言われましたね。これだけは納得できなくて、鍬を投げつけて帰ってきました」

その言葉とは何かを問うと、彼女はしばらく考えていたが、その一部を話してくれた。

「天草はいもばっかし食うとるんやろう」

「イモばっかりで生活しとる」

実際はもっと口にできないこともあった筈だ。彼女の目が耐え抜くように厳しくなった。

「私は言い返しましたけどね。でもいい年こいた大人が言うんですからね。まだ十五ですから、子供ですよ。傷つきましたね」

このような仕打ちを受けたことを、親にも言えない。言えないというより電話もないから言いようがない。手紙で伝えたとしても、親もつらい思いをして泣くことがわかっている。結局彼女は、家の貧しい内情も思い出して、一人トイレの中で泣くしかなかった。

「全部悲しみは自分で処理しました。こんなこと言われたと親に言えなかった。我慢して耐えられたのは、やはり家の内情を知っていて、助けたかったという思いがあったからです」


私はこんなんじゃない！


彼女も、次第に自分の生き方に疑問を持つようになった。年季奉公は厳密に言えば、十二月に終わって、二年目は年明けの二月から始まる。農閑期はない。一カ月ほどは家に帰ることになる。この間は実家近くで、海に浸かってノリを獲る仕事をやった。真冬でも海に入ったままで作業をするので、手足が冷えて動きにくい状態になってしまった。

そして年が明けると、奉公先に再び行くことになる。

「まだ親に甘えていたい年頃でもあったし、農家で仕事して一年、二年経っても、自分に何も夢がないのよね。朝早くから寝るまでただ仕事。何も充実感がない。もうちょっと何かほかにやれる筈だとも思ったんです」

親方と呼ばれる人が、実家に次年度の報酬などの交渉にやって来る。

「お宅の娘さんはよう働くから、よその人よりも五〇〇〇円上乗せするね」

そういう駆け引きが聞こえた。親としては正直行かせたい。だが苦労している娘を思えば忍びない。事情を知った彼女は親の気持ちを察し、自分から奉公に行くと言うしかなかった。

しかし自分にとって、この仕事は違うな、これでいいのかという疑問は日が経つにつれて大きくなってくる。奉公先の人はいい人だった。ただそこには一歳違いの女の子がいた。その下には弟がいた。とくに親しく話をしたわけでもなく、仲が悪かったわけでもない。ただ彼女は高校に行っていた。

「よく勉強していましたね。会話はありましたが、何も家のことをせんのですね。部屋の拭き掃除から彼女の着るものの洗濯までしました。それが何とも言えず悲しかったですね」

そこまで言ったとき、彼女の眼に熱いものがこみあげた。

それでも仕事には真面目に取り組んでいたが、勝手に手が腫れ、足が痛くなった。ストレスから来た痛みだろうと彼女は分析している。人生の退路を断つつもりで、奉公先を辞める決心をしたのは二年目の秋だった。

「田んぼに麦があったのを覚えています」

正規の手続きで、辞めることはできないので、脱走しかなかった。昼間にこっそりとバスの時刻表を読んで、時間を記憶した。着替えも事前に用意した。その時間に合わせて、家の人には畑に行くと言って、家を出て、そのままバスに乗り込んだ。熊本市内に叔母がいるので、そこでバスを降り、叔母の元に駆け込んだ。奉公先を抜け出すことはできたが、落ち着いて考えると、これからのことが心配にもなってきた。

「この先、どうしたらいいんだろう。天草にも連絡が行っているだろうし、掴まると思いました。私が帰ったということは、貰ったお金も返さないといけないから、親からもだいぶしばかれるだろうなと思いました」

不安なまま天草に帰ると、意外なことに父親は「よう帰ってきたなあ」と労わってくれた。この瞬間、彼女は立ち上がれないほどの強さで泣いた。

「私は、こんなんじゃない、こんなんじゃない」

と奉公先で消えなかった思いが頭で繰り返された。お金も幸い差額のみの返金で済んだ。

道を切り開くのも自分

家に帰ったものの、サツマイモの世話などして働いていたが、とにかく都会に出て働き、自分の人生を切り開きたいと強く思った。せめて大阪までは出たいという希望があったが、そこまで出るお金も無かった。幸いに大阪で働いている友人が、正月に帰省して訪ねてきた。彼女は歯医者の医療器具の問屋に勤めていた。

「私は歯医者さんに住み込みで働きたいと思ったんです。歯科助手ですね。勉強して資格を取って、余った時間にお茶や礼儀作法を教えてくれる学校に行こうと思ったんですね」

友人は賛成してくれて、帰阪すると働き口を探してくれ、旅費まで送ってくれた。

このとき両親は彼女の身を案じて言った。

「大阪は都会だから騙されたらあかんぞ」

当時はテレビも十分に普及していなかったから、大阪がどんな所なのかわからなかった。

「気をつけるも何も大阪弁が早口に聞こえてね。何しゃべっているのかわからなかったです」

汽車は座る場所が無かったので、床に新聞紙を敷いて座った。

「今でも娘が言うんです。〝そんな思いをして田舎から大阪に出てきたの？〟って。私は必死だったのよと言いました」

大阪駅で友人が待っていてくれた。行先は大阪府の東部にある布施市（現東大阪市）というところだった。最初、「ふせ」という字が読めなかったと彼女は苦笑した。

布施市の歯科医院で彼女は歯科助手、子守り、家事手伝いなどすべてのことを行った。夜はお花や、お茶、着物の教室に通わせてくれた。ここで洋服の縫い方も教わった。

給料は月に八〇〇〇円。住み込みだからお金を使わないので、七〇〇〇円まで仕送りすることができた。彼女はどこに行っても苦労と思わない主義だった。まず働くことが好きだということと、年季奉公に行って根性だけはついているという自負もあった。

そしてどん底の状況にいてもぐれずにやって来れたのは、天草時代に見ていた親の働く背中を見ていたせいもあった。父親はいつも「働く者に貧乏なし」と言ってくれた。人はいつも働いていれば、貧乏は追いつかないものだとも語った。

「人が寝ているときに寝て、人が起きているときに起きていたのでは何の変りもない。一時間でも早く起きて仕事をしなさい」

そう彼女に言い含めた。父親はパチンコもせず、気晴らしに焼酎を少し飲む程度だった。

「うちの娘のほうが頭よかったのに、高校にやれなかったという思いはあったかもしれんね。私らは仕方ないことと思ってましたけど。両親にねえ、大きな家を建ててあげたいと思ったんですね。そこに住まわしたいと、そればかり考えてました」

ゆくゆくは歯科衛生士の資格を取ってキャリアを積んでいく人生を思い描いた。そのために講習も受けた。当初は講習さえ受ければ歯科衛生士の資格は取れたが、途中で制度が変わり試験を受ける決まりになった。試験を受けるのにも金がいる。地方育ちの彼女には奨学金制度などの支援制度を知らなかった。そのため泣く泣く受験を断念しなければならなかった。

その中で大阪での楽しみで思い出すのは橋幸夫のコンサートに行ったことだった。当時橋幸夫は人気絶頂だった。西郷輝彦、舟木一夫と並んで御三家の一人で、若手ナンバーワンの歌手である。大阪で公演があると聞いたとき、彼女は自分で生地を買って、ワンピースを縫って出かけた。友人たちも一緒だった。

「素顔はあかんのよ」

と、お化粧の仕方も知人が教えてくれた。

「自分にとって一番のご褒美でした。橋幸夫に〝幸ちゃーん！〟と言ってね。皆、そこらへんで気持ちをリセットしていたんじゃないでしょうか」

やがて彼女はその歯医者に通う患者さんと知り合った。

「喫茶店で待っててくれと彼に言われても、喫茶店は怖いイメージがあって入れなかったです。その彼と結婚することになり、職場を退職して家庭に入りました」

歯科医院では四年間ほど、働いたことになる。

子供が六カ月のとき、今の化粧品販売の仕事を始めた。現在はオッペン化粧品の営業所所長である。

「なんせ働くのが好きでじっとしてられないんですよ。もう始めて四〇年以上になります」

再び仕事をやろうとしたとき、履歴書に中学卒と書きづらく、就職活動も苦労した。それなら自営しかないと思って始めた仕事だが、上手く軌道に乗った。

「そんな自分が大卒の社員を使っているんだからねえ。おかしいですよね」

と屈託なく笑った。

現在七十歳になったがいつも思う。これも元気に生んでくれた両親のおかげだと。常に自分で道を切り開いてきた、それを原動力に艱難辛苦を生き抜いた。

彼女に仕事観について聞いてみた。

「適職とか言うけど、それはやってみないと分からないことですね。やる前に合っているか、合っていないかはわからんでしょう。確かに仕事がないと今は言いますが、ないと言うよりやる気がないのだと思います。やはりやってみることですね」

年季奉公が自分の原点

探偵、通信士……取った資格は百以上

南阿蘇村出身の田上源は、昭和二十一年生まれ。中学を卒業すると借金のかたに、すぐに年季奉公に行ったが、自分で人生を切り開くために、徹底して資格を取得した。それも現在大学生が取得する英語検定や秘書検定を二つ三つ取ったわけではない。取った資格はゆうに百を超える。大型トレーラーの免許、私立探偵の資格、通信士などあらゆる資格を取った。

「資格と言っても、生きるための術ですからね。たくさん取ったのは理由がありましてね。自分には生きる術が身を粉にして働く以外なかったわけですよ。それで中学卒で取れる資格からスタートしたんです。血の汗をかくつもりで、一年で一つずつ取ろうと決めたんです」

田上は取材の初めに「これが十五歳の勲章です」と機械で切断された跡が残る指を見せてくれた。くっついてはいるが指は今も捻じれていた。一年間五万円の借用書と交換に、彼は卒業式の翌日に阿蘇郡久木野村（現南阿蘇村）にある農家へ年季奉公に行った。

「そこからが私の出発ですよ」

と彼は呟く。奉公先では朝四時に起きて、十三匹の牛の他、豚などに餌を食べさせる。餌やりが終われば、畑に出て働く。畑は十丁、田んぼも十丁、山も十丁あった。夕方の六時に家に戻っ

たら、また牛の世話。寝るのは午後十一時になった。そんな日が三六五日続いた。そんな中で事故に遭ってしまった。疲れた体で作業をしたとき、機械に指を挟んでしまった。ひとさし指、中指、くすり指の三本が真ん中から飛んでいた。手伝いをするおじさんが、彼をすぐに病院に連れて行った。飛んだ指はすぐに拾って一緒に持って行った。医者では麻酔もなしに手術し、ようやく繋ぐことができた。

「いまだにこれが勲章だなと思います」

一年経って、実家に戻ると、父親は「もう一年奉公を」と言ったが、一日だけ奉公に行って、そのまま抜け出し、家出した。しばらく福岡で働き、彼が選択したのは自衛隊だった。航空自衛隊を志願し、ヘリコプターに乗りたかったが、周囲から言われたのが、

「お前、その指では無理や。操縦桿は握れない」

というものだった。彼は陸上自衛隊に変更して、試験を受けて合格した。

「もう免許、資格は食うための手段です。三菱も松下電器も受けましたが、中卒だから皆落とされました。なにくそとも思いましたよ。だから資格を持っていれば、〝君はこんなに資格を持っているのか〟と採用に叶うわけです。私には生きる道だったんです」

夢に向かって行け！

自衛隊で弾薬や化学薬品などを取り扱う資格も取った。月々の給料は入るが、いずれは自分で会社を興したいと思った。運送会社勤務を経て、昭和五十三年に田上工業を創業した。トラック

一台しかなく、田上自ら運転して仕事をした。会社を拡大するには、資格も必要だと、前述したように毎年一つずつ取り、三十代で五十の資格を取っていた。

ついには社員四五〇名の会社にまで発展させた。トラック協会の会長も務めている。

彼は若き日を振り返る。

「皆が高校や大学に行くというコースを歩んでいる。彼らを超えるためには、ライバルは同級生です。同級生で一番になってやれ、それが私の第一歩だったんです」

その中で奉公の辛い仕事の中でも、絶対に同級生に負けてたまるかという気概を養った。

私立探偵の資格を取ったのも、何か商売のヒントになればと思ったのがきっかけだった。半年かけて日本探偵協会で学び、尾行の実習も受けた。六年前にはフグの調理師の免許を取った。運送会社に勤務したとき、彼も古庄（前述）と同じように周囲から言われた。

「田上君、世の中は雑学だよ。雑学にまさる学問はないよ」

このとき、これこそ生きた学問ではないか、凄い事を言うものだと感心した。以後、彼は好奇心をさらに広げていった。

今、彼は若い社員に向かって言う。

「夢に向かって行きなさい。あなたの傍に無限の道があるから。つねに前向きに行きなさい」

その言葉どおりに生きて、道を切り開いてきたから、彼の言葉は若い人たちの胸に深く響く。

第六章　隔週定時制高校

――織姫たちの青春

「わたぼこの唄」という歌がある。綿ぼこりのある繊維工場で働く少女たちの恋する心情を唄った曲である。もともと愛知県の繊維工場で作られ、歌われたものが、関西にも広がったのだといっう。繊維工場で働く人たちの定番ソングである。彼女たちの通う隔週定時制高校のフォークソング部でよく歌われた。

〈夕べ彼と話した　工場のヘイにもたれて　たくましい笑顔が　私は好き　わたぼこの中に咲いた花　回す機械に咲いた恋〉

この歌詞を思い出すたびに、大阪府の南西部にある泉州の繊維工場で働きながら、隔週定時制高校で学んだ人たちの姿が浮かぶ。さて隔週定時制という一般には耳慣れないスタイルの高校について説明したい。昭和四十年代に入ると、日本の高度経済成長はピークに達した感があり、それとともに高校進学率も全国平均で七〇パーセントを超えた。一方で集団就職はこの当時も行われており、地方から働きに出かける人は少なくなかった。

とくに大阪の泉州（堺市、岸和田市、泉大津市、貝塚市、泉佐野市、和泉市、高石市、泉南市、阪南市）は繊維工場が多く、多くの少女たちが働いていた。彼女たちは一週間ごとに勤務体系が昼、夜と変わる二交代のために、定時制高校に通うことができなかった。そのために繊維業界の要望もあって、女子従業員の勤務体系に合わせた定時制高校が設置された。

これが隔週定時制高校（以下隔定と略）である。

大阪府では、昭和四十一年に府立の高校として貝塚高校、鳳高校横山分校、和泉高校、泉南高校に隔週定時制課程家政科が設置された（生徒は女子のみ）。

ここでは貝塚高校に通った生徒たちの姿を記す。集団就職後、働きながら学ぶ彼女たちの青春を述べてみたい。貝塚高校は昭和十六年に開校した全日制と定時制を並列する高等学校である。そこに新たに隔週定時制が設置された。

さて繊維工場で働く生徒たちの勤務体系は二交代である。朝五時から午後一時半まで勤務する先番（A組とも呼ぶ）と、午後一時半から午後十時まで勤務する後番（B組）の二つがある。先番と後番は一週間ごとに交替する。

先番を終えた生徒は、午後三時から始まる授業に出席する。授業は五限で間に給食の時間もある。授業は午後七時半まで行われ、その後下校。会社の寮に戻って夕食を取り、翌朝五時から始まる仕事に備えて早めに就寝する。

翌週の後番勤務の生徒は、水、木、金曜日の午前九時過ぎから行われるスクーリングの授業に出る。授業は午前十一時半頃まで三限の授業がある。午前十二時頃に会社に戻ると、昼食を取って、午後一時半から午後十時まで勤務する。週が明けると、再び先番と後番は逆転し、生活スタイルを切り替えて勤務時間に対応した授業に出ることになる。

卒業まで四年を要し、卒業すれば高校卒の資格が与えられる。

貝塚高校の隔定は開校時、入学者数は五八名で、一一の会社に勤務する生徒が学んだ。クラスは二つで、専任教員は三名だった。

教師の思い（1）生徒たちの頑張りに支えられた

教師生活の原点だった

開校した翌年（昭和四十二年）から勤務した教師のA（女性）は、当時若手の教師だった。彼女は貝塚高校に一一年勤務した。

家庭科を教え、担任も務めた。彼女は開口一番に言った。

「私の教職生活の原点です。仕事を続けてこれたのは、生徒たちとのふれあいから、逃げることはできないと思ったからなんです。彼女たちも働いているし、同じ若い世代として同僚のような思いも持ちました」

隔定は、繊維業界の強い希望で始められた。そのため学校側としても十分な対応が取れないまま開校を決めた。そのため当初は教師たちから反対の声も強かった。教職員組合の間では反対運動もあった。

「泉州の織物業で働きながら高校卒業資格を！」

というう企業側のスローガンは魅力的なのだが、そこには人材難の企業が高校に通えることを謳い文句にして人員を集めるという目的もあった。

開校はしたものの、校舎も教室も揃っていない。

「組合では、企業が若い子を利用するというのでしょうか、学校に行けるからという理由で人を集めることに反対したんです。それと隔週定時制ができると全日制のクラブ活動など制限されますからね。そのため少し肩身の狭い形で始まったんです」

校舎も全日制の教室を借りる。そのため全日制の生徒が帰ってから授業を行うしかなかった。職員室は音楽室の隣にある準備室だった。

しかし隔定が始まると、多くの生徒たちが集まって来た。昭和四十四年には一〇四名の入学者がいた。数年後、校舎も建てられた。文化祭、体育祭も行われるようになった。生徒の出身地は多方面にわたったが、鹿児島、熊本、高知、愛媛、沖縄など西日本が多かった。

沖縄から来た生徒は家に電気が通っていなかったので、明るいうちでなければ勉強ができないと言ったりもした。電灯をつけて勉強する習慣がなかったのである。

生徒たちの苦労もあった。二交替勤務は想像以上に辛い。入学したものの、卒業できたのは半分ほどで後は中途退学していった。生徒は殆どが実家に仕送りをしていた。そういう中で彼女たちは労働と学びの両立を続けていた。

彼女は、生徒たちが朝早くから働いて、疲れと眠さと戦いながら机に向かっている姿が印象に残っている。疲れた体を引きずって授業を受ける生徒の姿も目に浮かぶ。

「やはり一週間ごとに勤務体制が早朝、午後と変わりますから、そこに体を合わせにくいと言っていましたね。ずっと同じ時間帯ならいいですが、そういうわけにいきませんからね。とにかくしんどいと生徒たちが言っていました」

その中で、疲れも極みに達し、欠席がちになり、出席日数が足りずに退学する生徒がいた。そのため彼女は生徒と一緒に職業安定所に行き、もっとよい職場を探したこともあった。

辞めた生徒が脳裏をよぎる

その一方で脳裏をよぎるのは辞めてしまった生徒たちの姿だ。

女生徒の場合は、やはり男性との絡みから学校を辞めてゆくこともある。大人の男性と親しくなって、行方が分からなくなり、会社に聞いても連絡が取れなくなる。

当時の生徒はその状況を語る。

「やはり弱気になって今の状況を逃げたいと思う人はいるわけですね。そんなとき女子寮の近所に男たちがやって来る。道でも女の子たちがたくさんいることを知っているわけです。そこで男が声をかけてドライブに行ったり、ご飯を食べに行こうと誘うわけです」

卒業した生徒たちは高校卒業の資格を得て、また次の職場にステップアップしてゆく人もあった。看護師になった人もいれば、さらに短大、大学など進学する人もいた。そんな成長する姿を彼女は若い教師として間近で見てきた。

高校には生徒思いの熱心な教師たちも多くいた。会社で問題に巻き込まれた生徒のために、職場の労務管理者と話し合いをたびたび持ち、「何とかしてくれないか」と掛け合ってくれた教師たちもいた。彼らは会社の人に労働条件の改善要求をぶつけた。

「この子たちの労働が日本を支えているんです」

生徒がいい環境で学べるように全力を尽くす。そんな教師たちで隔定は支えられていた。

彼女は言う。

「いろんな条件のある子どもたちを大事にしなければいけないなと思うようになりました。次に移った学校でも心を病んでいる子もいましたからね。そんな子どもたちにどうしても目がゆきますね。本当は学校に勤める者は必ず持っていなければいけない心なのです」

『かがやき　貝塚隔定40年のあしあと』にこう記している。

〈気性の激しい人、おとなしい人、愉快な人、素直でない意地っぱり、固い殻をつくり、必死で自分をまもっている人……。ずい分、いろいろな人にめぐりあう。各人各様の歴史をもち、それぞれに生きている……それぞれの花が、それぞれの場所で、それぞれに美しく咲いている。コスモスが逆立ちしてもバラになれないように、どうあがいても、「私」は「貴女」になれない。一人一人が自分の持ち味を、思いきり、咲かせればいいと思う〉

花はいろんな種類があり、咲いている場所も、季節も置かれた環境も違うが、それぞれに美しく咲く。人も同じである。多くの生徒たちと真摯に接してきたからこそ言えるのだと思う。

職場での憩いの時間（瀬戸ノベルティ文化保存研究会提供）

教師の思い（2）一七年間を共にした生徒たちへ

自分よりよほど立派だった

竹下由子（仮名）は昭和五十一年から平成六年までの一七年間貝塚隔定に勤務した。担当は家庭科。在勤当時の写真を見せてもらったが、一人若い男の子が混じっていますねと答えたら、その人が竹下だった。ショートカットでボーイッシュで若く、生徒と同世代に見えた。

「昔はね、生徒に間違われたんですよ。誰も先生とは思ってくれなかった。大学出てすぐに就職したばかりだったから、彼女たちとそんなに年齢も変わりませんでしたからね」

写真には生徒たちが教室で球技大会のことで話し合ったり、文化祭の美術部の展示、宿泊学習の写真と、彼女たちが生き生きとしている姿があった。このとき感じたのは、自分はたまたま教職に就いてお金を貰っているが、生徒たちも働いている。さらに学びに来ている。自分よりよほど立派だということだった。竹下は美術部の顧問でもあった。

「一年目で担任持ったときね、文化祭でも〝もう先生いいから、私らでやっておくから〟みたいな感じで言われてね。そしたら出し物、すばらしいものができたんです。彼女たちを尊敬しっぱなしでした。私よりずっと人間ができていましたね」

竹下は生徒たちを見て印象が残るのが、とにかく必死で生きていたということである。余裕のある人は一人もいなかった。隔定の変則の時間帯で学校に通うのもそうである。働きながら、この週ごとに時間帯が変わるシステムなら、ふつうの人でも頑張れば一年間はできるだろう。だが彼女たちは四年間続けるのである。

「まだ親と別れるのが悲しいという年齢でやって来て、いきなり働くことになるわけでしょう。もうしょっちゅう泣いていましたよ。私たちの所にも泣きに来ましたし、友人の所でも。もうあちこちで泣いてました。だから人と人の結びつきは凄かったと思いますよ」

とにかく隔定は生徒との関係が濃厚だった。彼女が最初に担任した生徒たちはおよそ四〇名ほどだった。そのうちの九割が卒業した。これはかなりの高率である。

「一番優秀なクラスでしたね。それに仕事の都合とかで、出席できない生徒には何度も補習しました。私は家庭科でしたから、実習を何回もしましたし、必ず作品を仕上げて出すのが原則でしたからね。もう補習、補習の連続でした」

生徒たちの職場のことも気になってしまう。生徒たちは一様に寮の食事が「おいしくない」と語っていた。中には「まずい、食べられない」という人もいた。話を聞くと、朝はご飯とみそ汁と漬物だけだという。会社の人は「うちの食事は不味くはない」と言う。生徒のことが気になって会社を訪問したこともある。実際に寮の食事を食べてみた。そんなには酷くはなかった。だがその一方でこうも考えた。

「生徒があれだけ言うのだから、私たちが食べさせてもらうのと、ふだんは違うのじゃないか。それに今まで親の食事で育ってきているから、まだ十六歳の彼女たちには親の作った食事が美味しいと感じるのもあるのだろう」

口癖は「あーしんどい」

食事よりもひどかったのが、寮の部屋だった。皆、狭い部屋に雑魚寝状態で寝ている。夏は高温多湿で、もちろんクーラーもない。紡績の職場も状況は同じだった。まさにサウナにいるような環境で教え子たちは懸命に働いていた。

「最初見たときびっくりしました。私はたいがいのところを見ても驚きませんが、ここでよくぞ皆が暮らしていると思いましたよ。狭い部屋に四、五人いてね。せめて二人くらいにして欲しいと思いましたけどね。塀にも囲まれていましたしね」

工場では室内が常温（二〇度前後）になると糸が切れてしまうので、高温（四〇度弱）にしなければならない。彼女たちはこの環境で八時間も働いている。大変な疲労である。そんな彼女たちのストレス発散はお菓子だった。

「皆お菓子が好きでしたね。いろいろ食べてましたね。私は〝お菓子食べんとご飯食べ〟と言いましたが、色々なお菓子を食べるのが唯一の慰めだったと思います。それしかないんですね。お酒も飲めないから」

疲労困憊して教室で爆睡してる生徒もいた。職場では彼女たちはよく水虫に罹っていた。

「どうしてもなりやすいんですよ。だけどね本当のひどい病気になったら、それは故郷に帰るしかないんですよ」

彼女たちの口癖は「あーしんどい、しんどい」だった。それでもがんばって学校にやって来た。

彼女たちの大きな楽しみは修学旅行である。貝塚高校隔定に通う生徒たちは九州出身者が多い。そのため修学旅行のアンケートを取ったら、ふだんだと絶対に行けない信州を希望した。とくにおしゃれな雰囲気の軽井沢や蓼科は彼女たちの憧れの場所だった。東京ディーズニーランドができてからは、そこも希望の多い場所になった。三泊四日の旅だったが、会社も許可してくれ、彼女たちもそのためにお金を貯めていた。旅行では同僚に配るため大量のお土産を買った。

その反対にやはり過酷な環境に耐えられなくて、会社も学校も辞めてしまった人もいた。

ある日、こんな出来事があった。

ある生徒は竹下のところにお金の無心に来た。そこには男性の影があった。ただお金を貸してくれと言い、理由は言わない。すでに会社も辞めていた。なぜと問うと、

「彼との間でお金がいる」

と答えるだけだった。

「男が借金をして、アパートを借りるためにと言っていましたがはっきりしないんですね」

竹下は、彼女にはっきりと言った。

「あなたがそこまでして私からお金を借りないとあかん状況を作らせる男の子は、悪いけど別れなさい。これからいくらでも出会うチャンスはあるから」

そのとき彼女は泣きながら「わかりました」と答えた。

竹下は、お金を貸すことはできないが、あなたにとってもっといい方法は今すぐ郷里に帰る事だと諭し、帰省するだけの旅費を渡した。

「借金とか嫌やから、このお金はプレゼントするから、親御さんのもとに行きなさい」

その後、彼女は郷里に帰ったのだろうか。連絡はない。帰るふりをして旅費を使ったのかどうか、それはわからない。

あいつは人買いか

寮を勝手に出てしまうケースもあった。皆でその生徒を探しに行く。それは単なる生徒の家出のようなものではなく、深い事情もある。彼女たちの中には支度金によって身分を縛られている者もいる。すると会社を辞めたくても、逃げるという方法しか選択肢がない。多くが南海線沿線の工場に勤務しているから、終点は難波である。教師たちは夜中に難波の街を探しに行ったこともあった。彼女たちは寮の壁を乗り越えて外へ出た。

「親が経済的に大変だから、高校には行けない。そこを会社の人が、隔定に行って高校卒業できますよと口説いたんでしょうね。それが会社の売りでしたからね」

そこに支度金が支払われる。一種のスカウトである。彼らは各家庭を回って親を説得して行く。ある生徒は夜に難波から竹下の家に電話をかけてきた。寮から出て難波にいたのだった。すぐに家に来るように伝え、そこで夜遅くまで話を聞いた。竹下は朝からスクーリングがあったので、翌朝すぐに出かけたが、家人が生徒のために目玉焼きを作ってくれた。生徒は、おいしいと言って泣きながら食べていたという。

「こんなおいしい目玉焼きを食べることができて嬉しい」

と涙をこぼした。その後、会社の人間が生徒を引き取りに来たが、その態度や人相を見て、家人は後で竹下に語った。

「あいつは人買いか」

ただし、きちんと何年間か勤め上げたら、嫁入り支度まで面倒を見るケースも多かった。電化製品も用意して、親が準備する生活用品を会社が持ってくれた。そういうフォローは確かに行っていたが。

「ただ考え方ですが、親が困っているときに支度金を貰って就職しても、それをラッキーと考え隔定の高校に通い卒業したらいいのです。パワフルな子はそれが出来ると思うんですね」

美術部の生徒で、竹下にジャケットを作ってプレゼントしてくれたこともあった。彼女は縫製会社に勤務していたので、自分で服を作ることができたのである。

教え子の中には、将来英語を生かした仕事に就きたいと希望する生徒もいた。紡績会社に勤務しながら、学校に通って、卒業すると、伊丹空港のウェイトレスに転職した。そこで英語の勉強を続けながら留学資金を貯めた。オーストラリアに留学し、語学学校を卒業して、現地で今もガイドとして活躍している。後にメルボルンの自宅まで呼んでくれた。

高校を卒業し、東京の体育大学に進学して、今は地元の教壇に立っている教え子もいる。保母の資格を取って保育園で働いている人もいる。そんな教え子たちが高校時代「先生、辛いしんどい」と言ってくる姿を今も思い出す。武内は「そうかそうか大変だな」と言って話を聞いた。そこからまた立ち直って歩き出す。皆、それなりに自分の希望を叶えたのではないかというのが、彼女の思いである。

「学校に来る子は皆境遇が同じだから、自分だけがそこで働いているわけじゃないという思いがあって、仲間意識ができるわけですね。あのサウナのような職場でね、切れた糸をはしょりながら、八時間働いて、学校に行って、ときには先生の声が子守歌みたいになって、寝ることがあって。でも頑張るって楽しいじゃないですか」

隔週定時制の若い教師と生徒の物語がそこにあった。

教師の思い（3）辞めた子たちも記憶に残る

ようこんな学校作ったもんや

高群哲夫は、保健体育の教師として昭和四十七年から五十九年まで貝塚高校隔定に勤務した。教職以外にも行動派でもあり、自転車で海外旅を行い、中国、ベトナム、台湾、韓国、モンゴル、インド、タイ、ラオス、エジプト、南アフリカ、トルコ、モロッコ、ブラジル、アルゼンチンなどを訪れた。その体験を描いた『自転車かついでひとり旅』(平成十一年)など四冊の著作がある。

高群は昭和二十二年生まれ。教師として初めて赴任したのが、貝塚高校の隔定だった。そのときの驚きを語る。

「予備知識がなくてね、全日制と定時制しか知らなかったんです。隔週に授業を行うという学校のサイクルがわからなくて、僕も隔週に学校に行ったらいいのかと思っていました」

隔定は全日制と定時制の間に割りこんで作られた課程である。隔定の授業は全日制のクラブ活動の時間帯と重なり、隔定の授業とクラブ活動は、今度は定時制の授業とも重なる。そのため場所の確保ができず。プレハブを校舎にするしかなかった。

「ようこんな学校を考え出したもんや」

というのが偽らざる本音だった。

高群が生徒たちの姿で印象深いのは、早番を終えて急いで学校に向かう光景だった。仕事が午後早く終わると、すぐお風呂に入り、綿ぼこりを落とし食事し、身支度をして駆け付ける。

「洗い髪って言うんですか、お風呂浴びてまだ乾いていない状態で学校に来るわけです。同時にね、生活スタイルが毎週同じならいいですが、翌週は変わります。生活パターンの切り替えが大変だったと思いますね。夏場には結構ぐったりして、寝ている生徒もいましたね。睡眠不足だったんでしょうね」

そんな時間に追われる中で彼女たちは、勉強を続けた。高群は、彼女たちに共通するのは、粘り強さと真面目さの二点を挙げている。といっても、赴任当初はちゃんとした教室が少なくて、プレハブ校舎だった。

「彼女たちには我々だけ何でプレハブなんやという思いもあったと想像しますね」

同じ学校でも全日制は校舎を優先的に使い、定時制はその後から使う。真ん中に隔定の生徒が入って来る形になるので、教室が使えなかった。後々になって、校舎が作られたが、開校当初は設備も十分ではなかった。そういう教師自身も深夜残業や日曜出勤もたびたびで、よい勤務状況ではなかった。

高群はバレー部の顧問もやっていたが、早出と遅出の二つのグループの生徒がいるから、合同で練習ができない。一つのチームを作って合同で練習を行うには、日曜日にするしかなかった。彼女たちにとって、日曜日は早出から遅出、遅出から早出と勤務時間が切り替わる直前の日である。決して体調も万全ではなかったはずだ。それでも部員たちは出て来て練習をやった。定時制の全国大会にも出場したこともある。

「文化祭の準備にしても遅くまで残ってやっていましたからね。辛かったりしんどかったりしたら、逆にエネルギーを燃やそうという意欲が湧いてくるのかもしれませんね。何でも一生懸命頑張る子たちでした」

とくに文化祭の練習は午前〇時を回ることもたびたびあった。彼女たちの勤務は朝の五時からである。睡眠時間を削ってまで打ち込む姿に心打たれたことも何度もあった。

純で、素朴な子が多かった

高群にとって印象深いのは、生徒の実家へ家庭訪問したときである。生徒の親にどのような生活をしているのか、同時に生徒の家庭状況も把握し、指導に役立てたかったからだ。毎年一回地方へ行く。出身中学の教師にも会って状況報告した。ただし教師による家庭訪問は、企業側にとっては歓迎されず、企業だけでなく市長からも批判された。

「ありのままの状況を言いますからね。厳しい生活の様子も話の流れで出てくることもありますから、それが求人活動を行う企業にとって困る、納得いかないということでした。こちらは隔週定時制のしくみや、生徒のありのままを伝えたい一心でしたけどね」

家庭訪問を行う時期は夏休み期間で、熊本、鹿児島、長崎、宮崎、高知、愛媛、香川など九州と四国が多かったが、沖縄・奄美大島まで船で行ったこともある。家の場所は生徒に地図を書いてもらい、目印なども教えてもらった。とくに奄美大島では帰るときに、いつまでも埠頭で生徒の家族が見送ってくれた。帰省していればそこに生徒自身もいる。乗船して出港するまで一時間ほどかかるが、皆、船が動き出すまで立って見ていてくれた。

「ドラが鳴ってもゆっくりと出航するでしょ。親御さんが涙流して目を拭っているんですよ。どういう思いなのかな、娘をよろしくお願いしますという気持ちだったのでしょうね。こちらも客席に入らないで、ずっと見ていました。そんな情に触れる場面がありました」

職場訪問も毎年行った。学校に来る顔と別の姿を彼女たちは見せている。制服ではなく作業着で汗にまみれて働いていた。工場内は騒音値の目安であるデシベルで言えば、九〇を超えていた。これは極めてうるさいと感じる数値で、一〇〇を超えれば聴覚機能に異常をきたす。高温多湿に霧吹きが至るところに舞っていた。その環境で彼女たちは懸命に働いていた。ときに教師の視線を感じると、恥ずかしそうに持ち場から離れた。

「純で、素朴な子が多かったですね」

高群は振り返る。

その隔定も、彼が勤務していた前半期（昭和四十年代後半から五十年代前半）と後半期（昭和五十年代中盤以降）では様相に変化が見られるという。設立当初は集団就職で来た生徒たちが中心で、地元の生徒はゼロだったが、集団就職が減ってゆく中で地元の中学を出た生徒が増えていった。地元の子たちが定時制ではなく、隔週定時制に行くようになった。これも高度経済成長から安定期に入った時代の変化である。

高群が思いを馳せるのは、途中で辞めて行った生徒たちだ。卒業した生徒たちにとっては、同窓会の席上、「辛かったけど頑張りぬいて、やり通したから、楽しかったよね」という明るい思い出で締めくくられる。だが中途で辞めた生徒たちは同窓会に顔を見せることもない。

「辞めた子もたくさんいますからね。その人たちとコンタクト持つのは出来そうで出来ない部分がありますから。彼女たちどないしとるんかなという思いがありますね。そういう子たちも記憶に残るんですよね」

高群は呟いた。

生徒の思い（1）一日も休まず体育祭でも選手宣誓

絶対に辞めない

開校当初に通ったのが、紡績会社に勤務するWAさん（女性）である。彼女は昭和二十五年長崎県島原半島に生まれた。彼女は四人兄弟姉妹の末っ子だった。長男が中学を卒業すると、姉の仕送りで農業の専門学校に行っていたので、自分が高校に行くのは経済的に苦しいだろうと察し、就職の道を選んだ。

学校に求人が来ていたが、手に職をつけたいという漠然とした希望だった。

「まだ年齢的にも自分で何も決められないので、知り合いの人が家に来て、ここがいいと勧めてくれたんです」

彼女は昭和四十一年貝塚市の紡績会社に就職した。知り合いが決めたとはいうものの、彼女は中学時代はバレーボール部に入って選手として活躍していた。中学二年生のとき（昭和三十九年）東京オリンピックが開催され、女子バレーは鬼の大松博文監督に率いられて金メダルを獲得した。その主力は日紡貝塚の選手たちだった。そのため貝塚という土地に憧れもあった。

故郷を発つときは、学校の先生が島原駅まで送ってくれたのを覚えている。両親は来なかった。そこから島原鉄道に乗って、諫早駅から長崎駅まで行く。そこから集団就職列車で大阪に向かった。就職先で、上司から、隔定の高校を紹介されたのが、進学するきっかけになった。それまでは隔週定時制という課程の学校があることは知らなかった。会社は学ぶ門戸を広げたいという方針だったが、同じ会社から進学したのは彼女以外に一人しかいなかった。その一人も仕事と学業との両立の辛さに耐えかね早々と退学してしまった。

学校も隔週定時制ができたばかりの頃で、専用の校舎は作られておらず、プレハブのような建物で授業を受けた。その校舎も「鳥小屋とかブタ小屋みたいなところ」だった。働き終えた後に、学校に通う辛さをどう克服したのか。

「会社では学校の話はできませんよね。むしろ学校に行っていろんな話ができるのが楽しみでした。最初の一、二年がプレハブでその後校舎ができました」

彼女の仕事は毛糸を作る作業だったが、仕事が終わる頃には黒い作業服が綿ぼこりで白くなってしまうのが嫌だった。だが学校に行くことで辛さも発散できた。とくに運動神経は抜群だった。体育でバレーボールをすると彼女の独壇場である。次々にスパイクを決めてゆくのは爽快感で一杯だった。授業が終わって皆で卓球をやることも楽しみになった。昭和四十二年に隔定の四校で合同体育祭が行われたが、このとき選手宣誓したのが彼女である。

「宣誓をしたことでだんだんと自信がついたんです。体も丈夫でしたから一日も学校を休みませんでした」

ただ彼女と一緒に約九〇名が入学したが、いつしか辞めてゆく人も多く、四年間の課程を修了し、卒業したのは二〇数名になっていた。仕事との両立以外の理由で辞める生徒もいた。それは恋愛だった。

「やはりね、恋した人たちから辞めてゆくんです。やはりそちらが楽しいですからね。だから私は恋はやっちゃいけないと決めていたんです」

彼女はそう回顧した。

あなたはIQはいいけど、なんで定時制に行くの

早番の勤務が終わって、授業に行く。帰宅すると食堂は暗くなって誰もいなかった。食堂のおばさんが、岡持ちという食器を運ぶ箱に夕食を入れておいてくれた。そこから取り出して電気もない中を一人で食べた。

「淋しかったですね」

彼女は苦笑した。このとき残飯を食べに鼠が食堂を走り回っている光景も何度か見た。学校の宿題や試験勉強は寮にある洋裁の部屋で一人で行った。会社でたった一人の高校生は他人の目を慮って勉強しなければならなかったのである。それに相部屋だから寝ている人たちもいるので、電灯は点けられない。彼女は別の部屋に教材を運んで疲れた体に鞭打って勉強した。好きな科目は体育の他には国語だった。定期試験前は勤務時間、機械を回しているときでも作業服のポケッ

トに課題のメモを入れて、暗記しながら仕事した。そんな頑張りで、全科目合格点に達することができたのだった。

「十代の多感な年頃なのに毎日が会社と学校の往復だけです」

ときには学校ならではの楽しみもあった。修学旅行は東京近辺まで行き、皇居、江の島、箱根まで足を伸ばした。学校の友人たちとミカン狩りに行ったこともある。貝塚市を走る鉄道に水間鉄道があり、貝塚駅から水間観音駅までの全長五・五キロほどの単線である。田園をのんびりと走り、沿線にはミカン狩り施設があった。

秋晴れの下で大阪湾を眺め。友人たちとミカン狩りすることはやはり青春そのものだった。

「皆で行ったんですよ。もう楽しかったですよ」

彼女は顔をほころばせて語った。そのとき弁当は食堂のおばさんが特別に作ってくれた。

「色んな方に助けて頂いたから、その分卒業まで頑張ろうと思ったんです」

ただ自分が定時制だということを思い知らされ、嫌な思いもした日もある。最寄駅から学校まで教師と一緒になって歩いたときである。教師は彼女に何気なく聞いた。

「あなたはＩＱはいいけど、何で定時制に行くの？」

彼女は黙っていたが、内心は腹が立った。誰もが事情があって、定時制という課程を選んでいる。行けるものなら全日制に行きたいと希望している。だがやむにやまれぬ事情から、能力はあっても泣く泣く定時制を選択し、仕事と両立させながら頑張っているのだ。どうしてその気持ちをわかってくれなかったのだろうとも思った。

「あの言葉はバネになりましたね」

彼女が学校を一日も休まなかったのは、そんな反動もあった。

「そりゃ定時制という引け目もありましたよ。働きながら高校卒業の資格を取ったと自分からは言っていないです。えらいねと褒めてもらっても、同情されているようで嫌だった」

それが人生経験を積んでゆくと、彼女の心境が徐々に変わって来た。眠たい目をこすりながら、教室の机に向かったこと、ノートを必死で取り続けたこと、寮で遅くまで予習、復習をしたことが脳裏に甦る。

「でもその後いろんな人の話を聞きますと、全日制の高校に行っている人が皆勉強しているかというとそうじゃない。私たちのほうがよく勉強し、知識も多いときもありました。それに気づいたときに吹っ切れました」

そんなことを考えられるようになったとき、ようやく自分自身に「四年間がんばったよね」と声を掛けることができるようになった。

「貝塚は迷路みたいな道でしたねえ」

彼女は高校までの道のりを述懐する。

彼女は四年間紡績会社で働き、その後空港のレストランに転職した。そのとき心がけたのは、実家が遠いからいつ冠婚葬祭があってもいいように、お金を貯めておこうと考えたことだった。仕送りもしながら、四年間で一〇〇万円を貯金した。

その後、結婚して二人の娘に恵まれた。

「自分ができなかったことを娘にさせたいと思いましたから、何かやりたいと言ったとき辞めなさいと言ったことはないですね。自分も高校に行きたかったけど、親の姿を見て言えなかったことがありましたからね」

中学を出て就職したとき、初任給は何に使ったのか聞いた。

「覚えていませんね。服とか鞄だったと思います。お給料を貰ったときに今度は何に使おうかと楽しみにしてましたよ」

彼女は笑った。彼女は今でも職場と学校を往復した日々を懐かしく思い出す。

「あの四年間の頑張りが私の人生の糧になっていると思います。やはり努力したことは報われます。頑張った分、素晴らしい人生が送れると思います。一番で輝く人もいいですが、こつこつ頑張っている人が私は好きです」

そのとき彼女の瞳がひときわ輝いた。

生徒の思い（2）大きな財産として自分を支えている

忙しくてホームシックにもかかれなかった

ＷＢさん（女性）は熊本県天草郡姫戸町（現上天草市）の出身である。天草上島の東部にあり、不知火海に面した町である。昭和四十九年に中学を卒業して大阪府貝塚市の紡績会社に勤めた。

姉も岐阜県で働きながら自分の力で高校に行った。当然彼女も働きながら自分で高校に通うことは当たり前という気持ちがあった。

「私にとっては、隔週定時制の学校に通ったことは財産になっています。今の私はあの時期に支えられていますし、その後も大きなバネになっているんです」

と強く語った。

彼女の苦労は、仕事のつらさ以上に、班の中で彼女だけが高校に通っている点だった。寮には隔定に通う上級生はいたが、同期は彼女一人だった。

「班の中で私だけでしたからね、朝だと皆が寝ている間も起きて学校に行きましたし、午後からだと、皆が仕事が終わってくつろいでいるときに、私だけがご飯をかき込むように食べて、お風呂に入って、すぐに学校に行かなければなりませんでした。時間との闘いでしたね」

彼女はそう振り返る。それだけではない。冬になれば、寝床から起きるのも一苦労だ。寒風の吹く中を一人学校に通う。これが一番つらいものだった。これにはさらに説明が必要だ。夜の十時半まで仕事をする後番のときは、仕事が終われば、自由時間となって深夜の三時ごろまで仲間たちは雑談に興じている。だが彼女は翌朝にはスクーリングがある。

「皆が学校に行っていれば、明日は早いからもう寝ましょうとなるじゃないですか。でもそれができない。だから私は皆が起きている間に、部屋の隅っこに蒲団を敷いてうとうとと寝るのが精いっぱいでした」

当然熟睡はできない。だが姉もそうやって岐阜では高校に通っている。彼女にできて自分にできない筈はない。そう言い聞かせて頑張った。

「姉をお手本としていましたが、どこかに彼女へのライバル意識もありましたね」

彼女の脳裏をよぎるのは、天草からバスで出発するときの風景だ。彼女の家は兄姉を含めて五人兄弟姉妹である。父親は船大工をしていたが、次第に需要がなくなっていった。食べるのには困らなかったが、高校に行きたいとは言い出せなかった。

地域で就職先をお世話する人が支度金も用意してくれた。

「そんなには高い金額ではなかったと思います」

姫戸からバスに乗って北上し、天草上島と大矢野島の境にある松島に着く。そこからバスを乗り換えて宇土半島を通って一時間半かけて熊本駅まで行った。

「家を出るときに母親がすごく泣いていたのが印象に残っています。そして松島からバスに乗ったところからが、私の大阪へのスタートだと思っているんです。今も松島を通るたびに、ここが私の原点だと思っています」

熊本駅で他の中学の生徒と合流して列車に乗った。彼女の姉が岐阜県大垣市で働いていたため、誘いもあったが、彼女は乗り物が苦手だった。すぐに酔ってしまうのである。そのためできるだけ乗り物に乗る時間が少ないようにと大阪を選んだ。堺市に兄がいたことも決め手になった。彼女はバスだけでなく、列車も苦手である。今でも車は運転するが、乗せられると気持ちが悪くなる。

「正直大阪に着くころには死んでいるのと違うかなと思いましたよ。乗り物酔いで修学旅行に行くのもしんどかったたし、通学の水間鉄道も苦手だったから、学校に着くころにはふらふらでした。一限目は酔っている感じでした」

仕事も覚えるまでは大変だった。仕事はラインで動くから、ラインを止めないように作業を少しでも早くしなさいと班長に言われた。

「夕方も、夕食の時間になってもその時刻通りには行けなかったですね。仕事の様子を見ながら行っていました」

仕事場も騒音で充満している。しかし彼女も慣れてくると歌が好きだったので、口ずさみながら作業をした。そのほうが楽しくリズムに乗ってできるからだった。騒音の中で歌っても周りにはわからない。周りは不思議そうに、

「いつも口をパクパクさせているね」

と言っていた。忙しくてホームシックにかかる暇もなかった。彼女は当時の心境を語る。

「自分の親にも頼ることはできませんから。いいことで電話するのならいいですが、泣き言なんて言ったところで親を心配させるだけですからね。弱音も言えませんでしたよ。それに当時は公衆電話は赤電話でしたから、十円玉を一杯もっていかないといけませんでしたから大変でした」

公衆電話は寮の入り口にしかない。そこに守衛がいる。弱音も恥ずかしくて吐けない。電話すればコインが落ちるのがとても早かった。あまり話せないので手紙をよく書いたという。

「深く考えないで、落ち込まないようにしました。今でもその傾向はありますね。シンドイことは多かったですが、考えても仕方ないですからね。なんとかなるさ、困難が来ても自分に果たせ

るのだからやって来るのだと思いました。また困難が来たかと受け止めていきました」

あのとき頑張ったから何とかなる

それは就職するときも同じだった。昭和四十年代には、姫戸での高校進学率は七割に達した。級友よりも自分が成績はいいのにと思いもしたが、一方ではこうも考えた。

「あの子が高校受かったと聞いても、〝そうか、だったら学力的には自分も行けたかな〟という思いはありましたが、自分は身を粉にして働くのだと前向きにとらえていました」

また、隔定入学後は、高校を辞めたいという友人がいれば、皆で「頑張ろうよ」と言って励ました。彼女も体験上、高校を続けることは周りの環境に大きく左右されるものだという。

全員が働きながら通学しているわけではない。とくに彼女のように少数派だと、友人たちに誘われて「今日は学校行かんでもいいから、休んで遊ぼうや」と言われることがある。

「友人関係の中で、〝行きなさい〟と言ってくれる先輩がいれば別ですが、人はつい楽なほうに行ってしまいますからね。同じように仕事をしていても、片方はくつろいでいるときに、こちらは時間に追われている。〝やめとき、しんどいのに〟と言われると、そうしようかと一歩後退します。一日休み、二日休み、と欠席しがちになるわけです」

彼女は常にゴールを見据えて通学した。三年になったら「せっかく二年間行ったのだからもう二年頑張ろう」と言い聞かせた。四年生になるときは「もう一年だ」と自分を励ました。

そして働きながら、高校を無事に卒業した。今感じるのは、当時の先生たちもとても苦労しながら自分たちの面倒を見て、教えてもらったという思いである。

「あのとき頑張ったから、困難が来ても何とかなるという思いは消えることがありません。必ずそこに行き着きます」

彼女は現在も、当時紡績工場が多くあった場所に住む。川の土手から、今は姿を消した紡績工場の跡地を眺めるときがある。今は住宅地に様変わりしているが、ときに一時間ほど歩いてみる。ここにも会社があって、働きながら学校に通っていたのだなと感慨にふける。この近くには和泉高校という隔週定時制の学校があった筈だ。

そんな光景を見るたびに、かつて自分が汗を流し、学びを続けた時代を思い返す。たまには「わたぼこりのうた」も口ずさむ。そんなとき自分の原点に立ち返った思いがして、また前を向いて生きる決意を強くする。

生徒の思い（3）隔定の生徒には芯がある

進学するための就職

昭和五十三年に貝塚高校の隔週定時制を卒業した上村香代子は、昭和三十五年鹿児島県曽於郡大隅町（現曽於市）に生まれた。鹿児島湾の東側に位置し、むしろ宮崎県都城に近い。

高校時代は生徒会長を務め、リーダーとして仲間を引っ張った。彼女の家は農業をしていたが、父親は彼女が三歳のときに肺炎で急逝した。

「寒いときでした。すごい大雪で、医者がいませんでしたので、馬が引くようなソリがあるじゃないですか。あれで連れて行ったんですが手遅れでした」

その後、彼女は母親一人の働きによって成長した。母は農業もしながら肉体労働にも出て彼女と妹を育てた。外で工事現場の仕事するときは朝早く出て行き、夜遅く帰って来た。男並みの働きだった。現場の仕事がないときは、牛、鶏を飼って世話をしていた。

母は気丈で、また負けん気も強かったので、女手一つでも不自由がないように子供たちを育ててくれた。人から後ろ指をさされたくない、その母親の思いは強かった。そのため家にはテレビも冷蔵庫もあり、最小限必要なものは揃っていたし、他所より遅れても買ってくれた。母親も娘に「人さまから後ろ指をさされないように」と言って聞かせた。

「それ以上のものは望めないんですけどね。一応必要なものはあるよということでした」

そういう状況も見ながら、自分は中学を出たら働くのだという意識を持つようになっていた。

「仕方ないので、自分は働きに行くしかないという気持ちがありました。私には小さい時から父がいませんでしたから、人に甘えることができないんですね。欲しいものがあっても母親に買ってほしいと言えず、そういうことをしたら駄目なんだと思っていました。心の奥底には自分の家は片親であったし、就職しなければいけないという意識があって、それが自分を抑えつけていました」

つねに自分がしっかりしていなければという思いがあり、自我を表に出せなかった。

子供の頃に、母方の祖母の家にお金を借りに行った記憶は残っている。

「父親の実家に借りに行くのは母も嫌だったんでしょうね」

と子供なりに考えもした。彼女が中学を卒業したのが昭和五十年三月である。

この頃になると集団就職というスタイルも変化してきて、大勢の生徒たちが同じ乗り物に乗って大都会へ行くパターンは減ってきていた。彼女の場合も、宮崎県の都城市まで出て、そこから宮崎市に行き、港から夜フェリーで出港し、翌朝に大阪に着いた。このとき同じ会社に勤める男の子と二人だけだった。

就職先は大阪府貝塚市にある毛織会社だった。ちょうど従姉妹がその会社で働いており、働きながら高校に通えるというのが決め手になった。

「同じ所には中学からは私と一人だけでした。就職組は一握りだけだったと思います。かつての集団就職のスタイルと時代が違うし、イメージも違いますね。私の場合も高校に行きたかったし、出稼ぎに行くという感じかな。どっちかと言えば集団就職になるのかな」

と首を傾げた。上村の場合は、働くことも目的だが、高校に行くという要素も強かった。そこらが働くためだけ、というかつての時代との違いである。

自分の好きなことに熱中しなさい

三月末に貝塚市に住み、働くようになると、四月にはすぐに貝塚高校隔定の試験を受けて合格し、通学した。当初はクラスに四二、三名いたが、卒業したのは二〇名を切っていた。とくに

一、二年生までで退学してゆく生徒が多かった。大阪に行くとき、大それた夢もなく、従妹が高校を卒業したら、さらによい職場に就職したので、そのパターンをなぞって考える程度だった。教室でもいつも後ろの席で、大人しい友人といつも一緒に座っていた。賑やかな生徒たちは前の席にいて、楽しそうに話している。それを後方から見ているだけだった。

「私は表に立っている人間でもなかったし、人前に出ることはすごく苦痛でした」

そんな生徒だった。そんな彼女を見守っていたのが、担任の高群哲夫だった。高群は何かを聞きに行けばすぐに答えてくれ、些細な質問でもすぐに反応してくれた。そして教室では「自分が好きなことに熱中しなさい」と生き方も教えてくれた。二年生のときも担任だった。

「先生は自分がしたいように人生を生きなさい、楽しんだらいいんですと仰いました。お兄さんという感じで、先生と生徒の距離感がなく、線を作らない感じでした。先生の影響は強いと思いますし、いつしか先生に自分が似てきました」

高群は日曜日のたびに生徒たちを小旅行に連れて行った。遠足もあった。教室では、「次の日曜日はこんなこともするよ」と生徒たちを誘ってくれた。京都に皆で一泊旅行に行ったこともある。宿は高群が学生時代にアルバイトをした所だった。

「会社では上下関係がありますから、学校に行くと自分を出せる部分がありました。わーっとできる感覚があるじゃないですか。それに日曜日に友人同士で遊べるってとても楽しいし、そこからいろんなことに意欲も出てきましたからね」

和歌山県の勝浦、兵庫県の淡路島にキャンプに行ったこともある。上村はこれらを通して積極的になった。二年生では高群からの推薦もあって、生徒会長にも立候補して、当選した。

「立候補にはずいぶん悩んだんですけど、やってみれば皆が助けてくれる中で、自分が組み立てて作ってゆくものがある。生徒会活動がとても楽しくなったんです」

自分の考えを言えるようになり、行動に移せる性格に変わった。皆の輪の中心にいるようになった。学校ではキャンプなどの行事では、他の生徒よりも一日早く、教師たちと現地に行く。その一日は有給休暇を取った。皆が現地に到着する前に、テントを張り、食事を用意しておく。いわば陰でクラスを支える役だが、いつも行動することでリーダーとしての資質を伸ばしてゆくことができた。もともと自分の中にあった資質だと思うが、それを見ぬいて伸ばしてくれた先生のお陰だと思っている。

「自分から一歩踏み出さないと性格は変わりません。人から押してもらう一歩を待っていては駄目なんですね。私も生徒会をきっかけに物事に対する考えが変わったんです」

ただ仕事と学業の両立はやはり大変だった。まず朝は眠たかったというのが、彼女の感想だった。とくに早番のときは皆で一斉に起きても目が開いていなかった。

「もう開けていられないというか、眠たくて」

仕事を終えて学校に行っても、つい居眠りをしてしまった。ときには教師が見かねて眠ったままにしてくれた。それでも学校を休むことはなかった。

「私らは学校に行くものだと思って大阪に来ていますからね。まず学校を辞めるなんて考えてもいなかったし、母親にとっては、うちの子供には学業もやり通してほしいと願っているでしょうから。途中で辞めてしまったとは言いたくないでしょうしね」

途中で辞めてしまうと「あそこは片親だから」という目線も感じることになる。そう言われることは自分だけでなく母親にも後ろ指をさされることになる。とくに地方に行けば人の噂、因習は強くなる。そんな雰囲気に負けていられなかった。

「いろんな方面に対して自分が母子家庭ということをすごく引きずっています」

隔定に入学しても途中で辞めてしまう理由は、周囲の人間関係もある。寮にいる中で高校に通うのは少数派である。他の寮生から買い物に行こう、ボーリングに行こうと誘われると、今日一日くらいはいいかとつられて休んでしまう。そこには大人と呼ばれる年齢の人もいるから断りにくい。欠席が二日、三日と増えて行き、ついには「行かなくてもいいんだ」と思うようになり足が遠のいてしまう。

「周りの大人が悪いんですね。人間は楽なほうに行きますから、そこで休んじゃダメ！　と言う人がいないといけません」

その中には学校に来ても途中で抜けて遊びに行く生徒もいた。高校から少し歩けば、貝塚市の商店街である。そこに大きなスーパーがあったので、そこへ行く人が多かった。

「類は友を呼ぶと言いますが、さぼりたいパターンの人と一緒になって、そこからはずれてしまった者もいます。やはり人からの影響は大きいから、どこかで歯止めをするか、断るかしないとずるずると人生が狂っていきます。見極めができないといけないんですね」

上村も葛藤はあった。しかし一方でこうも思った。学校に行けば先生や友人も待っていてくれるし、会えば楽しい。もし一度休んだら授業も遅れる。次の日は行きにくい。そちらの不安が大きかった。

「卒業するという信念がないと続きません。流される人たちを先生たちが助けても、遊びが勝っちゃうんです。会社の先輩たちも、遊ぼうじゃなく、学ぶのはしんどいけど楽しいよ、だからさらに次のステップに行けるよという気持ちにさせないとねえ」

しんどいけど次のステップに行く。彼女が考えるのは嫌なことでも辛抱強く続けてゆけば、成長してさらに上の世界に行ける。今目の前にある課題から逃げてしまえば、下の世界に行くしかない。そうやって落ちて行くことが自分でもわからなくなって、取り返しのつかない状態になってしまうのではないかということだ。

そうならないためには周囲からの助けも必要だ。学校から去った人たちは、そのような助言のできる人たちとの縁がなかったということだろう。教師にしても助言はできても、やはり奥まで踏み込むには限界もある。引き留められないもどかしさを感じていたことだろう。

卒業後、大手スーパーへ

上村はさらにキャリアアップするため、就職活動をした。今の会社にそのままいることもできたが、従妹も高校を出て卒業したし、四年のときの担任だった教師もキャリアアップを勧めてくれたので、就職を希望した。適性では接客に向いていると出た。自身も話すのが好きだし、興味もあった。そのため百貨店を希望したが、学校枠は全日制の生徒にとられていた。彼女も希望したが、全日制の教師からストップがかかってしまった。

結局大手スーパーの「長崎屋」に勤務することになった。念願の販売、接客の仕事に就くことができたのだった。

「当時の会社は高校を卒業するまでの働き場所だという感覚がありました。高校を出たから違う世界に行けたんです。今の職場に踏みとどまっていると、それ以上自分の視野は広がりません。そこで高校を卒業し、長崎屋に就職したことで次のステップに行けたという思いがあります」

そのように導いてくれた隔定の先生方は凄いなとも思った。

「仕事に段階を付けたらいけないのでしょうが、そこで埋もれたらだめなんだという思いを先生方は持たれていたんです。もっと上を目指しなさいと。高校に入って先生方は身近になった気がしました。自分たちの姉妹のように見ていただいたと思いました。人からの影響でいいほうに性格も変わりました。私はいい人たちに出会えたと思います」

卒業したのは昭和五十三年だった。卒業証書を貰ったときは、やはり目的をやり遂げたという達成感があった。卒業式の日は会社が親も呼んでくれて、一緒に式に出席した。友達といつまでも話していたかったが、母親がいたのですぐに会社に戻った。

「自分にとって一区切りの達成感ですね。やはり絶対高校だけは卒業したいと目指していましたからね。必ずここまではと思っていましたから、嬉しいという気持ち、これで終わりだという安堵感、もう学校に行かなくていいのだ、そんな思いが入りまじっていました」

長崎屋の勤務地は京都市内だった。かつて高群が京都に旅行に連れて行ってくれたときに、都の静けさ、荘厳な雰囲気に憧れていた。

「田舎から出て来て、このような上品で静かなところに行ったことがなかった。自分が溶け込んでしまいそうな気持になりました」

長崎屋では地下で婦人服を売った。同期社員の中で、定時制から就職したのは彼女一人だった。店舗も京都のどまん中、新京極で三年半勤めた。成人式も京都で迎えた。濃紺の振袖で刺繍が入ったものだった。着物は自分で貯金した金で買った。

「そのとき給料が四、五万だったんですが、セットで揃えたんです。上手く安いものを見つけて。二〇万か三〇万円だったと思いますが、自分で買ったというのは思い出がありますね」

その着物も十五歳下の従姉妹に貸したのをきっかけに、そのままプレゼントした。

「もう着ないからいいいやと思ってそのままあげちゃいましたね。私は着物が好きなんですね。時代に左右されませんし、京都は呉服屋も多いので、買ったものは今でも持っています。やはり捨てられませんね」

長崎屋に勤務しているとき、今の夫と知り合い結婚した。結婚後は退職してアルバイトをしながら三人の子育てをした。夫はビルメンテナンス会社を経営していたが、ときに経営が苦しいときもあった。そのときは大丸デパートに出店しているメーカーに再度就職して家計を支えた。八年間勤務して夫を助けた。現在は夫の会社を手伝い、事務、従業員達の事など色々な業務を多岐にわたって務めている。

上村は人との出会いの大切さを説く。

「仕事が苦しいときでも、いろんな人と出会うことが仕事の糸口に繋がっています。それにはきっかけというのがありますが、そのチャンスを見逃すことも多いんです。これを見抜くことができれば会社も自分も上手く伸びて行きますね。知らない人と話すことで自分をもっと成長させてくれるんです」

今、やりたいことをやる

そんな上村も最近までコンプレックスに苦しんでいたという。

自分が定時制出身だということが恥ずかしく、嫌いでもあった。周囲からも高校卒と言っても違うコースからやって来たという目で見られているのがわかっていたからだ。実際そう言われたこともある。そのため自分は定時制なのだから人より余計に頑張らなければならない、そんな重荷を自ら課してきたような気もする。

そこから吹っ切れたのはつい最近だ。

そのきっかけは何だったのだろうか。よくはわからないが、上村は母の思いを今になって感じることがある。

母親は彼女が四十一歳のときに癌で亡くなった。七十歳だった。我慢強い人だったので、体調が悪くても口に出すような人ではなかった。人のためには一生懸命にするが、自分のことはほったらかしにする女性だった。症状が辛いときも寝ていれば治ると病院にもあまり行かなかった。初めて大きな病院で診察を受けたときは、癌もかなり悪化しており、手の施しようがなかった。

「そのときとても悩みましたね。何で自分が気づいてあげられなかったのだろうって。症状がつらかったろうにと。何で自分で苦しいと言わなかったのかとも思いました」

そのとき母親が自分に対して、祈るような気持ちで高校を出て欲しいと思っていたのだという親の気持ちも分かるようになった。彼女自身、子供を持つようになって、大学まで行かせたいと思うようになったことも影響しているのだろう。親の気持ちはそうしたものだ。定時制への見方も変わった。定時制とは勉強をしたいけど、その機会のなかった人のためのものだ、だから貴重な学びの場なのだと考えるようになった。

「自分の人生も発展途上だから、今やっている仕事もどうなるかはわかりません。競争も激しいですから、どんな仕事でも永遠はないですね。先があるから自分によかったねとは言えません。ただ駄目になってもまた元に戻ってゼロから頑張れる気持ちはあります」

仕事がなくなる可能性もある。だが自分は一番下積みの時代もあったから、駄目になったとしても、またここまで戻ることができるという自信もある。やはり定時制に行った経験も土台になっている。自分の中で太い柱になっている。

「最悪の状態になったら外で働けばいい。やはり自分を含め定時制に行った子は芯がありますね。なるべくは昔の状態には戻りたくはないですけどね」

上村がいろいろな人を見て感じるのは、今やりたいことをやるという大切さである。これから先やりたいことがあっても、先のことは人生分からない。体力、経済的にもどうなるか予測はつかない。だから今できるのであれば、今頂点を目指す方がいい。

自分もそういう生き方をこれからも続けてゆくつもりだ。

働きながら学ぶということで、多くの女性たちの成長に寄与した隔週定時制高校だが、その後どのような運命を辿ったのだろうか。

繊維業界は昭和五十年代から徐々に不景気に陥った。そのため大阪府泉州地域にある四つの隔週定時制高校も影響を受けるようになった。四校は昭和四十四年から五十年まで入学者のピークを迎えたが、以後入学生は減っていく。横山高校隔定は昭和五十三年に閉校、平成八年に泉南高校隔定、平成十年に和泉高校隔定が閉校した。貝塚高校隔定も平成十八年、四〇年の歴史に幕を閉じることとなった。

なお集団就職者および働く人のための定時制高校は各地に作られたが、九州出身者の多かった岐阜県多治見市の例を挙げる。多治見市は昭和二十五年に多治見高校に夜間の定時制（商業科）が設置され、四年間の修業、六〇名でスタートした。昭和三十五年に多治見北高校に移管され、商業科・普通科の二学科が置かれた（二次合格者五〇名中、二八名が九州出身者）。

ただし高校進学率の上昇と、陶磁器業界の景気悪化で、定時制は次々閉校した。多治見近隣では、瑞浪市の瑞浪高校定時制が昭和五十年に、多治見工業定時制が昭和五十二年に、土岐商業定時制が昭和六十年に、多治見北高校定時制が平成十九年に閉校した。

第七章

いま、働くことの意味を問う

彼らの果たした役割

集団就職の最盛期は、今から五〇年以上も前の話である。そのことが今私たちに教えてくれるものは何だろうか。愛知県瀬戸市に「瀬戸ノベルティ文化保存研究会」がある。ノベルティとは、人物、食器、花器、動物などを焼き物で作った飾りものを指している。愛知県瀬戸市は陶磁器の産地であるため、ノベルティを戦前から生産し、海外に輸出してきた。

この会は瀬戸のノベルティの文化、技術の継承に力を注いでいるが、じつはこのノベルティメーカーに戦後多くの集団就職者が働いていた。彼ら、彼女たちはノベルティの基礎的な労働に関わった。瀬戸のノベルティの歴史を語ることは、集団就職の歴史にも重なる。

事務局長の中村儀朋は、瀬戸の集団就職者を取材した過程で、彼らが産業に大きな貢献をしたことを知った。

「集団就職された方が働き蜂の世代だと揶揄されたとしても、彼ら、彼女たちの存在がなければ戦後復興はなかったと思います。なぜこれほどの大きな働きが記録されていないのだろうと思いました。如何にすごい勢いで働いていたか、取材をすればするほど知りました。集団就職というものをきちんと評価していないんですね」

瀬戸市近辺はノベルティに限らず瀬戸物、窯業など主に九州からの集団就職者で賑わった町である。道を歩くだけで、かつて集団就職でやって来た人と出会う。だがその人たちの功績が語られることはない。現代社会の中に、集団就職者という存在が忘れられてしまっている。

中村は、集団就職者を「ストロー現象のように大都会に来た人たち」とも特色づける。これは現代に繋がる都市と地方の現象でもあるが、地方の田舎から集団就職で京浜、中京、阪神などの工業地帯へ移動することで、逆に地方が過疎化してしまったという現実も生んでいる。故郷を思いながら、都会で働いて仕送りもする。だが現在になって郷里へ帰ろうと思っても家も無くなって、帰るべき場がないという皮肉な結果にもなっている事例がある。

「ひょっとしたら過密過疎の問題に集団就職は関係しているのではと思いますね。限界集落や廃村などに影響もあったのかもしれません。彼らは何のために働いたのか。遠く郷里を偲びながら働いたのに、その郷里がない。そんなドラスティックな例もあると思うのです」

中村はそう語る。そこまで思いが至ったとき、いつしか時代の流れの中で、あの人たちが打ち捨てられたようになってしまったことは、淋しい気持ちにさせられる。

「端的に言えば無名の群像とされてきたけど、名前も人生もある一人なんです。それを無名の群像として集約して忘れちゃう。勿体ないことであり、罪なことです。いろんな人たちの集積が今の日本という国で、その町の構成員になっているんです。この方たちがどういう仕事をしてどんな思いで住んでいるのか記録を残すことが大事な事だと思うんです」

それが昭和という時代を描くことにもなるし、近代日本の明と暗も明らかにする作業である。それは集団就職者の果たした役割を、現代史の中でどう位置づけるかということである。

これらの是と非を含めて考察することが、今後の時代を生き抜いてゆく指針を見出すことにつながる。それは現代の市民の一人一人の存在を大切にしてゆく思想につながってゆく。そのことが利益重視にまい進してきた私たちが、もっとも大切にしなければならないことである。

同時に今私たちが働くということの意味を集団就職という制度を通して知ることも可能である。過去の時代のひとつの労働形態を掘り起こすことで、今私たちが働くためにもっとも大事な点を教えてくれているようにも思う。それは働くということの定義である。私たちは何のために働くのか、それは生活の糧のために働く。その原理は古今東西変わらないものであり、古代から現代までその目的に異を唱える人はいないであろう。

この土台が作られてこそ、適職であったり、やり甲斐であったり、充実感といった類のものが生まれてくるものだ。そのことは同時に、仕事とは辛抱と忍耐を伴うことを前提とする。昭和の高度経済成長の仕事観はここから成り立っていた。

この仕事観に変化をもたらしたのは、昭和六十年前後になり、高校、大学への進学率が向上し、むしろ仕事を選ぶ立場に労働者側が立った点にある。もうひとつは大学など学校で職業教育が重視されるようになったことである。

平成の今は

平成の就職氷河期を終えてから、インターンシップ（一定期間学生が企業などで職場体験すること）を始めとして文科省の主導で大学や高校でもキャリア教育、職業教育がさかんに取り入れられた。大学ではインターンシップは単位化される。その中で自分の人生設計を早い時期から構築していく。言うまでもないが、大学などで職業教育が行われる以前も、数多くの就職ガイダンス、業界研究という形で仕事に対する学びは行われていた。しかし近年はさらに多くの時間を割いて行われるようになった。その根幹は、自らの適職を探すということである。

私事ながら、私は平成三年から十年まで約八年間、都内の女子大学で就職課（現・キャリアセンター）に勤務した。バブル経済の名残のある売り手市場から就職氷河期へ移る時期だった。

学生が早くから人生設計を考え、自らの適性を知り、自分に合う仕事、自分のやりたい仕事に就くための学びをすることは素晴らしい試みである。一方で本来働く意義というものが、どこかに飛んで行ってしまった感がするのは私の思い過ごしだろうか。

働くことの喜びや充実感は、どのようにして見つかるものだろうか。そんなとき集団就職を多く受け入れていた岐阜県の企業の社内報に目が留まった。昭和四十年の発行で巻頭言として書かれてあるので、中学卒の集団就職者に向けてのメッセージと受け取ってもよい。

〈幸福とは、小さな、ささやかな、自分でも気がつかない程、目だゝぬものではあるまいか。真の幸福は、それを自覚しないでいる中にあつたり、無理に求めたりしない熟練者にあるのではなかろうか。熟練者とは、一つの道、一つの仕事に年期をいれて、その道、その仕事に精通した人、精通しなくても、その可能性をめざしている人と思います。一つの道、一つの技に年期を入れた人のおのずからに示す徳。自覚的にいうなら、それはきびしさといつてもよい。実際のところ自分の仕事にきびしくなければ、熟練者にはなれない。誠実でなければ精密な機械さえ狂ってしまう〉（社報「不二精工」昭和四十年四月十日）

現代は不況も好転の兆しはあまり見えず、早期退職制度を初めとして働く人たちの環境も決していいものとは言えない。若い人たちにとって長期の残業のわりに、きちんとした給与が支払われているとは言い難い。ブラック企業と揶揄される会社が取り沙汰されるのはそのいい例だ。日本の未来への展望も、働くこともいいものだとは言えない。そこで必要とされるのは何だろうか。

キャリアプランを描く一方で、私たちは自分なりに働くことはどういうことか、生活の糧を得るとはどういうことか、まず自分の足元を見ることも必要ではないだろうか。その両輪を思い描くことで、働く行為が地に足をついた、血の通った思想になってゆくと考える。

私はその原点を集団就職を通して知ることができると考える。適性も、適職も、殆ど顧みられず、そのようなゆとりもない状況で、とにかく生活のために働かなければならなかった人たちの生き方を通して、そこから生きてゆくこと、働くということの意味を感じ取っていただけたらと思う。じつはそこに生きてゆく根があると思えるのである。かく言う私もいつ天職と出会えるのか心もとなく、今の仕事が適職と言える自信もない。ただ仕事で思い悩んだときに、私は今回の取材をした方々の声に耳を澄ませ、働くことはどういうことなのか、原点に戻って考えることにしている。そこから新たな視点が見えてくる。

隔週定時制高校に通いながら、織物会社に勤務し、卒業後さらにキャリアアップした方の言葉が印象に残っている。

「本当にしたい仕事があれば、それを目指して努力しなければなりませんね。その一方でこの仕事は自分に合わないと先に決める傾向があるように感じます。あなたが決めるのではなくて、向こう（社会）が決めることです。私たちは何のために仕事をするのか。食べてゆくために働くわけです。本当にハングリーだったらどんな仕事でもすると思うんですね。仕事がないと言っても、今も求人票にはたくさん出ていますよ。選びすぎなのかなとも思います。そこには自分への高いプライドがあって、それが邪魔している気もします。仕事に合う合わないも、自分が合わせて仕事をして、そこで自分の合うものを見つけることが大事だと思います」

仕事は相手から選ばれるもので、それが今の自分に対する客観的な評価なのだということは私もそのように考えている。働く過程で自らを磨き、きびしさの中で仕事を成し遂げることで、自ら一つ上の階段に登ってゆく。そこから自分の適性、適職がおぼろげながら見えてくるものだろう。

今の社会は即効性や成果主義を求めているが、そんな時代だからすぐに役立つ資格取得や学びをするだけでなく、働くことの本質を理解することが必要なのだと思う。

南国特有の明るさ

　今回取材を終えて感じるのは、南国特有の明るさである。これまでの東北地方からの集団就職のイメージと違って、九州、四国、沖縄の人たちはとにかく楽天的な思想が随所に見て取れた点である。東北人は概して実直で辛抱強いと言われる。よくも悪くも頑固だともいう。

　一方九州や沖縄の人は南国で暖かい気候のせいか、解放的で飽きっぽい面もある。これは私自身が熊本県出身のため感じている点である。どこかで何とかなるという物事を気楽に信じているところがある。粘り強さでは東北の人に遥かに及ばないが、そんな陽気さが集団就職をした人からも伺うことができた。たしかに深刻な状況であっても、どこか明るい雰囲気が漂う。

「一旗上げる」「社長になる」そういう気概で集団就職することが九州人の気風をよく表している。悲壮感もあまりなく、物事に悲観することもあまりなく、楽天的に生きてきたことが本書に登場する人々の成功の要因なのだろう。集団就職と言えばすぐに列車が想起されるが、九州、沖縄は五島列島、天草、奄美大島、沖縄、宮古島など島が多い。船に乗って集団就職するのも南国の特色と言えるだろう。その船が行く海は青く、輝くばかりに美しい。

　あっけらかんとした開放的な光景に育まれた彼らは、戦後の明るさと合致するように、勤勉に勤め上げて今の日本を作っていったのだ。

そんな明るい集団就職があったことを描けたことは、本書を書く試みとして意味があったと信じている。どこか暗さを持ったこれまでの集団就職のイメージに一石を投じたことになるのではないかと思う。そこから学ぶことも多くある。

さて集団就職には黒い影が付きまとうのも事実である。だが本書では働くことの意味を考えるというテーマのため事件など悲惨な話はできうる限り排除して記述した。ただ九州、沖縄からの就職者も悲惨な事例とは無縁ではない。ここではごく簡単に、このようなことがあったと記すにとどめる。

昭和五十一年二月には熊本県内の雑木林で二人の女性の死体が発見された。熊本県内のバーのホステスだった二十代の女性（Aさん）である。もう一人も二十代の女性（Bさん）である。Aさんは、中学を卒業して昭和四十年に名古屋市の紡績会社に集団就職した。だが一年ほどで帰郷。以後、旅館や飲食店を転々とし、スーパーの店員もやったが、ホステスになった。その頃、妻子のいる四十歳の貸衣装店員と恋仲になったが、別れ話のもつれから男が殺害し、彼女を雑木林に捨てた。Bさんも昭和三十九年に多治見市のタイル会社に集団就職したが、一年少しで退職し、帰郷。職を転々とし、知り合った妻子持ちのフスマ職人と同棲していたが、やはり別れ話から、男に首を絞められ殺された。

大分県では昭和五十一年、紡績会社の募集担当駐在員が内定した女子中学生を別府市のホテルに連れ出して猥褻行為をしていた。たびたびマイカーで彼女を送り迎えをしてくれていたが、車でホテルに連れて行かれたのだという。本人が親に就職を渋りだしたので、事情を聴いてわかったのだという。その男は別の女子中学生にも行っていた。

あるいは名古屋市で昭和四十七年に集団就職者の五人の少年が、強盗を働き現金一七万円を奪う事件も起こしている。彼らは南国からの就職者だった。

ある集団就職の方は私に呟いた。

「金の卵と言われますが、私たちは自分ではそう思っていなかった。企業が体よくそう呼んで使うために名付けたのでしょう」

高度経済成長には繁栄の裏側に水俣病、四日市ぜんそくなど深刻な公害問題も生んだ。これらの問題と企業が雇用した集団就職の在り方は決して無縁ではない。庶民を軽んじ、過剰に営利を追求する過程の中に、公害も集団就職も存在したことは事実なのである。その点は、今後さらに検討されなければならない点である。

しかし影ばかりがクローズアップされるのは、集団就職の実態を捉えたことにはならない。それを私はここで強調しておきたい。多くの集団就職者は額に汗水垂らして働き続け、人生を豊かにしてきた人たちである。その人たちに目を向けることが、私たちのこれからを考える指針となるはずだ。

南国の人たちが明るく生き抜いたように、私たちもどこかで楽天的でユーモアを持ちながらこれからの厳しい時代を生きることがとても大事なことだと教えられた思いがする。

昭和の高度経済成長期に南国に限らず、東北をはじめ、他の地域の集団就職という形で日本の復興を影で支えた方々に目を注ぐことで、昭和史の裏面を知ることができる。集団就職は昭和の華々しい高度経済成長期の影の存在であるが、彼ら、彼女らの生きてきた人生が、そのまま昭和史の光と影をあますことなく語っている。それは昭和という時代は何かを考える作業につながってゆく。そんな昭和の庶民の歴史を正しく検証する必要性に迫られているのが、今という時代なのである。

それは今後私たちがどのような社会を作ってゆくのかに関わってくる。一人一人を大事な存在として認めてゆくことがもっとも大切なのだと、集団就職の時代から私たちは強く問われている。

［付］

集団就職とその時代

九州地方から多く集団就職する地域は中京、京阪神である。京阪神はいわゆる阪神工業地帯である。主力は大阪市と神戸市であるが、兵庫県、京都南部を含めて「京阪神工業地帯」とも言う。大阪湾岸には、鉄鋼・機械・造船、石油化学工業が見られ、南部に行くと、繊維業が見られる。紡績も盛んで、かつては「東洋のマンチェスター」*とも呼ばれた。阪神地域などでは醸造業が見られるのも特色である。同時に下請け工場が多いのも特徴である。

これらの産業に従事して、大工業地帯を支えたのが集団就職した若年労働者であった。

ただいつから集団就職が始まったかは、各県の労働局職業安定課に聞いても資料等が存在せず、明確な回答は得られなかった。

そこで著者が知りえた県の状況を記したい。

（＊「マンチェスター」は、イギリス北部の町で、綿工業が盛んで、産業革命の中心的な役割を果たした）

福岡県

福岡県は昭和三十年三月二十九日の「西日本新聞」に「ヤマの乙女ら集団就職」という見出しがある。石炭不況の影響を受け、筑豊炭田の就職状況は悪化し、中学卒への求人は少なかった。そのため大阪市の美容師連合会がヤマの子たちを雇いたいと、求人を行った。これに応じ、飯塚、田川、直方などの女生徒たち一一名が飯塚職業安定所の事務官に引率され、西鉄バス飯塚中央停留所で職業安定所所長ら多くの見送りを受けて、バスで博多駅まで出発した。夜八時五十分発の急行「げんかい」で大阪に向かった。この前後に福岡県の集団就職は始まったのだろう。

佐賀県

佐賀県は、昭和三十年三月三十日に東京行上り急行「西海」で県内の中学卒業者二〇三名が関東、中京、阪神方面への就職先へ向けて出発した。男女別は、男一三六名、女六七名だった。佐賀県経済部の県外就職開拓が実を結び、多くの就職者があったという。なお、記事の表記で注目されるのが、中学卒者たちを「金の卵」ではなく、「若ヒナ」と表記している点である。この頃は、金の卵という言葉は浸透していなかったのだろう。また就職者の八割の一七一名は炭鉱地帯の出身者で、ヤマの不況が子供たちの進路に影響していたという（「西日本新聞」昭和三十年三月三十一日付）。

長崎県

『長崎県職業安定行政史』によれば、長崎県の中学卒新規学卒者の県外就職者への計画輸送開始は昭和三十二年三月と記載されている。ただし「長崎日日新聞」の記事によれば、昭和三十年四月七日付の記事に就職列車出発の見出しがある。「胸はずむ　就職列車　77名乗せて大阪へ出発」とある。この年の三月二十四日から静岡、大阪方面の就職列車を乗せて出発したのを初めとして、二、三日おきに列車は運行された。主な就職先は静岡、愛知、岐阜、大阪、京都方面で紡績、商店、鉄工所などが勤務先である。四月六日は大阪方面に就職が決まった中学卒業生七七名（長崎地区五三名、佐世保地区二四名）が長崎駅、佐世保駅からそれぞれ急行列車で出発した。長崎駅からは「雲仙号」佐世保駅からは「西海号」の列車だった。

また同年三月二十七日の「長崎日日新聞」には〈目立つ県外求人の増加　江迎職安管内紡績女工第一陣近く出発〉という見出しの記事がある。江迎町（現佐世保市）の江迎職業安定所であっ旋した紡績女工の三一名が県外就職第一陣として三月三十一日には静岡県浜松市などへ出発するという内容である。その後、四月中旬までに大阪、名古屋などにも赴任するという。すべて中学卒の少女で、例年になく県外求人が増加したため、県の方針に基づき、四月中旬までに集団的に全部が赴任することになるだろうという職安のコメントが載っている。

なお長崎は長崎駅、佐世保駅の二カ所から列車が出発したが、五島列島は福江港からの出港で、長崎港行の「柏丸」に乗った。そこから長崎駅に着いて集団就職列車に合流した。長崎県の集団就職が始まったのは、昭和三十年頃であると見るのが妥当であろう。

熊本県

熊本県で集団就職列車が走ったのは昭和三十年である。前年（二十九年）の中学卒の県外就職者は八〇〇名だったが、翌年は二五〇〇名と急増した。そのため就職列車の運行に踏み切ることになった。高度経済成長の影響がにわかに現れたためだった。主な就職先は男子が中小の機械メーカーや製鉄、鉄工関係の会社、女子は電機メーカー、紡績や陶器の会社が多かった。行先は、大阪、兵庫、岐阜、愛知が多かった。

昭和三十年三月二十五日の「熊本日日新聞」には、天草の中学卒の少女たち二九名が天草の大浦港（現天草市有明町）から出発した。紡績会社に三五〇名の就職者が決まったが、その第一陣が二十四日に出発したものである。

昭和三十六年に集団就職者は五五〇〇名に増えていた。集団就職の始まった明確な史料は残されていないが（熊本県高校教育課調べ）、「熊本日日新聞」昭和三十六年三月二十六日付に、三十年から集団就職列車が走ったこと、同三十七年四月二十六日付に〈熊本からの、集団的な県外就職がはじまってから、今年でちょうど八年になる〉という記載があり、期日が明らかになった。

〈天草諸島〉ここで島の事例をひとつ挙げておきたい。九州からの集団就職では島から行く人は多かった。長崎県であれば五島列島、熊本県では天草諸島などである。ここでは天草諸島の例を挙げる。

天草は有明海に浮かぶ島で、天草上島、下島を中心に大矢野島、維和島、湯島、御所浦島、鹿児島県の長島までを含む。大小一二〇あまりの島があり、面積は八八四・九平方キロメートルである。この数字は、佐渡島や壱岐対馬よりも大きい。

現在は昭和四十一年に開通した天草五橋などによって、天草の島々は熊本本土と繋がっているが、それまでは熊本本土に行くには、船でいくつもの島の港に寄って、宇土半島の突端三角港に行くしかなかった。なお現在も天草に鉄道は走っていない。

天草はキリシタンの島である。修道士ルイス・アルメイダによって島にキリスト教が伝えられると、後の領主小西行長の感化でさらに信者は増えた。天草島原一揆も起こったが、幕府の禁教政策の中でも隠れキリシタンとして信仰を守る者もいた。

この島の悲劇は、山が多く水田面積が少ない点にある。そのため農家は漁業も兼ねて生活していた。島の人口と農地がきわめて不均衡であったのである。堕胎や間引きを嫌い、人口が増え続け、天草島原一揆後は一万七六〇〇人だったのが、天保九年には一四万二七八二人、明治元年には一五万五〇〇〇人を超えた。大正五年には二〇万人を突破。戦後の昭和二十五年には二四万七五〇人になっていた。

しかし、耕地面積は少なく、産業も乏しい。生き抜くためにとられた措置が、出稼ぎであった。明治時代には東南アジア等で娼婦になった「からゆきさん」も見られた。昭和に入っても出稼ぎは頻繁に見られ、零細な農漁業者が現金収入を求めて都会へ旅立った。土木日雇い、建築日雇いが主だった。

そういう地域性の上に集団就職も見てゆく必要がある。中学を卒業したばかりの少年・少女たちは、三月下旬から四月上旬に本渡などの港から出港した。集団就職列車ではなく、船での出発だった。本土で千人近い乗客を収容できる船は「天劇」であった。「天劇」は、その後、宇土半島の三角港まで行き、そこから少年少女は国鉄三角駅まで歩き、集団就職列車に乗り換えて、都会へ向かった。

大分県

大分県労働局職業安定課の回答によれば、『職業安定行政五十年の歩み』（大分県・公共職業安定所発行）に昭和二十八年三月に〈学卒集団赴任始まる〉という文書がある旨、教示された。

宮崎県

労働局職業安定課の回答によれば、「昭和三十八年頃に始まり、昭和五十年以前に終わった」とのこと。三十八年開始は、九州の他県よりもかなり遅い。この回答による始まりは、日本交通公社とタイアップして集団就職列車が走った年を指していると思われる。

おそらく宮崎県も昭和三十年頃から、集団就職は始まったのではないだろうか。

鹿児島県

鹿児島駅から初めて本格的な集団就職列車が走ったのは、昭和三十一年三月三十日であった。それ以前は求人ごとに少人数の生徒が引率される形で、大都市圏に行っていた。

昭和二十六年三月に出水市の出水安定所管内から、六〇名の学卒者を一つの列車に乗せたのが集団就職列車に近いスタイルの始まりだった。出水駅発京都行の普通列車の最後の一両を集団就職専用列車とした。翌年は川内駅からも乗せ、二両編成一五〇名になった。その後、県が引き継ぎ、東京行急行「きりしま号」、京都行急行「さくらじま号」の車両を一〜二両に集団就職者用として分乗していた。

この頃鹿児島駅でも、この時期（三月下旬）は就職シーズンで乗車率は盆、正月並みに多かった。切符を買うのに徹夜で並ぶ人も多く、中学卒業生は一般の客とは別の入り口から乗車した。事情を知らない一般客からは、彼らの優先乗車に非難の声も上がっていた。そこで鹿児島県商工会連合会専務理事（当時）の本田省吾らは、子供たちを安全に送り届け、座席に座らせてあげたいと思い、専用列車を作るべきだという結論に達した。だが集団就職列車は行きだけで、往復ではない。帰りの列車は空車になる。二年間交渉を続けたが、営業面で鉄道管理局は渋った。そこで思案を重ねて、修学旅行列車と合体することで運用に漕ぎ着けたという。

昭和三十一年三月三十日の朝、鹿児島駅から初めて集団就職専用列車が走った。一〇両編成で六両を中学卒業生、四両を修学旅行生が占めた。二人掛けの木の椅子に三人が座った。

集団就職列車は午前八時三十六分に鹿児島駅を出発したが、発車前に知事代理の挨拶があった。県経済部長は「鹿児島県人としての誇りを持って頑張って」と訓示した。

SLに引かれた列車は翌日の午前六時四十二分に大阪着、十時四十一分に名古屋着だった。列車は伊集院、川内、出水、水俣駅で停車して、各地域の集団就職者を乗せた。

この年は八便の集団就職列車が走り、六四〇〇名が就職先に向かった。人数の多さのため、駅のホームで親子が会えないというケースもあった。ベルが鳴り、互いに列車とホームから探しながら、別れをする姿も見られた。

伊集院駅では、ホームにいたセーラー服の女生徒が、早く咲いた桜を枝ごと車窓に渡す光景も見られた。受け取った少女は涙をためていた。

県職安課にいた東達夫は、集団就職列車の運行に尽力した人物だが、これらの光景を見て「煙突のない県の悲哀を痛感した」と述べた。「煙突がない」とは、「工場がない」という意味だった。少年少女たちには郷里で働く受け皿がなかったのである。

以後、県と鹿児島鉄道管理局が中心になって列車を運用してきたが、昭和三十九年からは日本交通公社が担当した。この年が集団就職列車のピークで、三月十七日から四月一日の間に一八便が運行されている。乗車数は一万七五五五名だった。集団就職列車は「あけぼの号」と呼ばれるようになった。

鹿児島県出身者の主な就職地域は、昭和三十一年当時だと、阪神地区（とくに大阪、兵庫）三一〇二名、中京地区（とくに岐阜、愛知）四一三〇名、京浜地区（東京、神奈川）九二九名と、圧倒的に阪神、中京地区が多かった。この傾向は変わることはなかった。

昭和四十年代半ばには、就職者も減り、四十四年三月九日には二七二名の高校卒業生を乗せた高校卒就職列車も走った。昭和四十九年三月二十四日に最後の列車が走り、集団就職列車の運行は終わりを告げた。このときの列車は四便、乗車数は二二〇〇名だった。

鹿児島県の高校進学率は、昭和三十年代半ばまでは四〇パーセント強だったが、後半から五割を超え、四十年に六割を超えると、四十九年には八割強になっていた。進学率の上昇もあり、集団就職は役割を終えたのである。

〈奄美諸島〉奄美大島では昭和三十年から関西汽船をチャーターして神戸まで行き、そこから列車に乗り換えて、大阪、名古屋、東京へ向かった（『鹿児島県職業安定行政史』）。

船はそれぞれ南の与論島、沖永良部島、徳之島から出て、奄美大島の名瀬港に集まり、ひとつの船になった。このとき集団就職の中学生たちは五〇〇〜六〇〇人になっていた。

与論島では停泊した貨客船に、艀に乗った中学卒業生七〇〜八〇名が近づき、船員が二人がかりで船に引き上げた。大きな港がないので停泊する貨客船に艀《はしけ》で近づくしか方法がなかった。この光景を屋田和彦は記す。

〈タイミングをはずすと大事故になりかねない大変危険な乗船である。最後の一人まで三時間かかった。……乗船した者はデッキに駆け込み、身を乗り出して友達の名を叫んでいる。「蛍の光」の曲が流れる中、本船は次の港へと静かに動き出す。いつまでも手を振っている母親たちの姿が次第に遠ざかっていく。これが一生の別れかと思わせるような光景であった〉（『鹿児島県職業安定行政史』）。

与論島から神戸までは三泊四日かかった。部屋は船倉にゴザを敷いただけ、横になれば身動きも取れなかった。殆どが船酔いで、口をきける状態ではなかった。毎年五〇〇〜六〇〇人を乗せていたが、昭和四十三年からは長い航海の疲労と安全性を考慮し、鹿児島から出発する集団就職列車で行くようになった。

艀《はしけ》に乗った少年少女たちの学生服には、求職先、行先、出身地、氏名が胸に縫い込まれてあった。艀には「祝　就職　奄美大島与論中学」などとのぼりが立てられた。港がないために親たちは別れができないので、漁船に乗って艀を追い、貨客船に近づくと手を振った。

昭和四十九年三月二十一日、「あまみ丸」が名瀬港から出港したが、これが最後の中学卒就職専用船となった。就職者は三八二人だった（『鹿児島県職業安定行政史』）。

沖縄県

南の島の代表的な地域として沖縄が挙げられる。その歴史的経緯は前述したが、沖縄からの集団就職は、雑誌「現代の眼」（昭和四十七年十一月号・現代評論社）によれば、昭和三十二年からと記載されている。当時の琉球政府労働局の手で始められたという。当時の雑誌をまとめてみると、「沖縄の青少年にも本土就職の機会を与えたい」という大阪沖縄県人会の肝いりがあった。男子のみ一二二人が大阪の製パン会社、製めん業者に就職した。

第一回の集団就職の団長を務めたのが大城繁雄だった。彼は就職する人たちの中でもっとも年長だった。十八歳というから、高校卒か、中学を出て地元で働いていたのだろう。

彼は昭和三十二年十二月二十四日に神戸港に他の就職者に先立って降りた。このとき港では盛大な歓迎を受けた。彼は謝辞と将来への希望を述べて挨拶した。

だが彼らの苦労が始まったのは、就職してからだった。大阪のパン会社に仲間三人と就職したが、まず驚いたのが、初任給は本州の人たちよりも二割低かったことである。引かれて手にした金額は三〇〇〇円だった。

大城は六年目にパン工場を退社し、機械のセールスマンとなり上京した。

沖縄からの本土への就職者数（学卒就職者・男女とも）は次のとおり。

昭和三十三年　一〇二名、昭和三十四年　四七二名、昭和三十五年　一一一五名、昭和三十六年　一五八一名
昭和三十六年の地域別内訳は、愛知二九三名、岐阜二三二名と中京地区がもっとも多く、東京一九九名、神奈川一七八名、大阪一七四名、兵庫一二〇名となっている。昭和三五年から経済発展が強まり、地方からの若年労働者をとくに必要としたことが窺われる（『労働経済の分析』昭和三十六年、琉球政府労働局労政調査課より）。


国の取り組みとしての集団就職の終わりは前述したように昭和五十二年だが、以後しばらくは各都道府県によって集団赴任という形で県外就職者の集団輸送は続けられた。

昭和五十年前後の集団就職の様子を記しておきたい。

昭和五十年三月二十五日の「毎日新聞・夕刊」に「集団就職列車〝最終便〟着く」という記事がある。青森発臨時急行「八甲田山」に岩手県から上京した十五歳の少年少女たちが上野駅に二十五日早朝着いた。三五八名であった。青森駅発に岩手県出身者が乗っているのも珍しいが、それだけ就職者が少なくなり、この頃は岩手からは就職列車が無かったのだろう。これが集団就職列車最終便となるという。

では九州の場合はどうだろうか。これも鹿児島県と熊本県を除いてはっきりしない。

昭和五十年三月の「長崎新聞」「西日本新聞」には集団就職列車の記事は見当たらなかった。

熊本県では、昭和四十九年三月二十三日に八七人が第一陣として熊本駅を出発した。うち六一名が特急「なは」で岡山へ、二六名が急行「玄海3号」で広島・山口へ行った。三月二十五日まで六班に編成され、合計一三四五名が列車で旅立った。愛知、岐阜、大阪、三重、兵庫などが主な赴任地で、一〇年前に比べ、六三一五人増え、反比例して県内就職者が増えた。このときの熊本県の県外就職率は五四・一パーセントで、十年前は八三パーセントだった。興味深いのは就職する中学卒業者のドライな光景である。ある少年のバッグの中は殆どが参考書や辞典であった。定時制高校に通って勉強するためだという。涙の別れの光景も殆どなかった。集団就職の目的が、働くだけでなく、高校にも通うためというように変化していたのである（「熊本日日新聞」昭和四十九年三月二十三日夕刊）。

翌五十年三月二十九日の熊本日日新聞・夕刊では「サヨナラ集団就職列車　県今年から廃止」という見出しがあり、前年の集団就職列車発車の写真が掲載されている。

廃止の理由は就職者数の減少のほかに、新幹線も開通し、列車運行数も増えて座席の確保が簡単にできるようになったことが述べられている。この年の県外就職者は、各事業所ごとにまとまって行くか、バラバラに就職先に向かったという。

鹿児島県も昭和四十九年三月二十四日の列車をもって終わっており、九州ではこの年限りで集団就職列車は姿を消したと見るべきだろう。

集団就職をめぐる年表

昭和一四（一九三九）四月八日、高等小学校卒業者六八七人を乗せた「少年臨時列車」が秋田―上野まで走る。

昭和二〇（一九四五）八月、ポツダム宣言受諾。米軍、沖縄を直接支配開始。

昭和二一（一九四六）日本国憲法公布。

昭和二二（一九四七）三月、教育基本法・学校教育法公布。四月、新学制による小学校・中学校発足。

昭和二三（一九四八）四月、新制高等学校発足。沖縄、通貨が円から軍票B円になる。

昭和二五（一九五〇）六月、朝鮮戦争勃発。特需景気始まる。

昭和二六（一九五一）三月二九日、紡績工場に勤める女性を対象に「織女星号《しょくじょせい》」が長野―名古屋を走る。三月、鹿児島県出水市で集団就職者専用の車両をつけた列車が走る（出水発京都行普通列車の最後の一両）。高校進学率男子三九・七％、女子三八・一％。

昭和二七（一九五二）琉球政府設置。

昭和二八（一九五三）奄美諸島、日本復帰。

昭和二九（一九五四）三月、渋谷区公共職業安定所管内の商店連合会が新潟県高田市（現上越市）の職業安定所と連携し、求人を行う（翌三〇年三月二六日、夜行列車で一五人が上京）。四月五日、青森県で集団就職者専用の臨時列車が青森―上野間を走る（高度経済成長期前の最初の集団就職列車）。

昭和三〇（一九五五）神武景気始まる（～昭和三二年まで）。この頃、高度経済成長始まる（～昭和四八年頃まで）。三月二四日、熊本県天草諸島の大浦港（現・天草市有明町）から二九名の中学卒の少女が船で大阪の紡績会社就職。三月三〇日、佐賀駅から東京行急行「西海」で、佐賀県下の中学卒業生二〇三名（男一三六、女六七名）が集団就職列車で出発。赴任先は関東、中京、阪神方面。三月二八日、福岡県飯塚、田川、直方方面の中学卒女生徒一一名が、博多駅から急行「げんかい」で大阪に向かう。大阪市内の美容師見習いのため、集団就職。三月二四日、長崎県の中学卒業者が静岡、愛知、岐阜、京都、大阪方面に就職列車で赴任。三月、鹿児島県奄美大島から集団就職の船が運行される。

昭和三一（一九五六）七月、『経済白書』発表、「もはや戦後ではない」と記載。熊本県水俣市で最初の水俣病患者。社会問題に。白黒テレビ・冷蔵庫・洗濯機が「三種の神器」と呼ばれる。三月三〇日、鹿児島県、鹿児島駅から初めて本格的な集団就職専用列車が走る。

昭和三二（一九五七）一二月、沖縄で集団就職始まる。

昭和三三（一九五八）沖縄、通貨が軍票B円から米ドルに変わる。沖縄県勢（首里高校）、甲子園初出場。

昭和三四（一九五九）岩戸景気始まる（〜昭和三六年まで）。

昭和三五（一九六〇）一二月、国民所得倍増計画を決定。高校進学率男子五五・六％、女子五四・二％。

昭和三六（一九六一）三重県四日市で四日市ぜんそく患者急増。

昭和三九（一九六四）一〇月、東海道新幹線開通、東京オリンピック開催。

昭和四〇（一九六五）新潟県阿賀野川で新潟水俣病発生。

昭和四一（一九六六）高校進学率男子六九・九％、女子六八・四％。

昭和四二（一九六七）八月、公害対策基本法公布。

昭和四三（一九六八）東京大学などで学園紛争激化。政府『公害白書』を初めて発行。

昭和四四（一九六九）女子の高校進学率、初めて男子を上回る。東京大学の入試中止。

昭和四五（一九七〇）三月、日本万国博覧会、大阪で開催。一二月、公害対策基本法改正法など公害関係一四法案が成立。

昭和四六（一九七一）六月、沖縄返還協定調印。

昭和四七（一九七二）五月一五日、沖縄、日本復帰。山形県、最後の集団就職列車走る。

昭和四九（一九七四）高校進学率九〇％超える。三月二四日、鹿児島で最後の集団就職列車走る。

三月、鹿児島県奄美大島から最後の集団就職用の船が運行される。三月、熊本から最後の集団就職列車走る。

昭和五〇（一九七五）沖縄国際海洋博覧会開催。三月一一日、沖縄から、飛行機での集団就職が行われる（沖縄・東京間、高校卒業生）。三月二五日、青森県臨時急行「八甲田」が最後の集団就職列車として上野駅に到着。岩手県から上京した一五歳の少年少女が乗車。

昭和五一（一九七六）三月二九日、沖縄県で最後の集団就職行われる。

昭和五二（一九七七）労働省、集団就職を廃止。国の取り組みとしての集団就職は終わっても県による「集団赴任」という形で集団就職は以後も実施。

昭和六〇（一九八五）男女雇用機会均等法公布。

戦後の物価指数

地下鉄乗車賃（営団地下鉄・大人）＊初乗り運賃
昭和二五年一〇円、三二年二〇円、四一年三〇円、五二年八〇円
水道料金（月額）＊家庭用
昭和二四年六五円、三一年一二〇円、四一年一四〇円、五〇年三〇〇円
米　＊一升
昭和二四年一四三円、三二年一一五円、四〇年一六〇円、五〇年三三九円
日当　＊東京都の大工
昭和二四年三三三円、三二年六四〇円、四〇年二〇〇〇円、五〇年七〇〇〇円
初任給・月収＊小学校教員
昭和二四年三九九一円、三二年八〇〇〇円、四〇年一万八七〇〇円、五〇年七万三二一六円
（『物価の世相一〇〇年』（岩崎爾郎著）、『続・値段の明治大正昭和風俗史』（週刊朝日編）、『明治・大正・昭和・平成　物価の文化史事典』（森永卓郎監修）を参照）

あとがき――「働くこと」の根幹を考える

今、なぜ集団就職なのか、と本書を目にされた方はそう感じられたことと思う。

本書にも書いたが、集団就職は戦後の高度経済成長期（昭和二十年代後半から四十年代）に主に見られた現象で、地方の中学生が卒業すると、集団就職列車などに乗って、東京、大阪、名古屋などの大都市圏に働きに行くことを指した。当時、地方からの若い働き手を求めた企業は、彼らを「金の卵」と呼び、日本の経済発展を支える貴重な労働力として活用した。

ただそこには地方の経済的な貧しさと、兄弟姉妹の多さから高校進学を断念し、家族を助けるために働きに行くという影の側面もあったのは事実である。

私は今、フォーク歌手の吉田拓郎の「制服」（昭和四八年）という曲を思い浮かべている。

東京駅地下道の人ごみの中を集団就職したばかりの制服を着た娘たちが引率者に案内されて歩いている。憧れの東京だが、これから日曜日だけを待つ毎日、街に悲しみの唄がなぜ流れるかわかってくる、故郷に帰るときは男に騙されたりなど、親に言えない秘密を抱えることだろう、という歌詞だ。

戦後の光と影を背負った象徴が集団就職だった。そのためか、マスコミなどは影の部分――挫折した少年少女、犯罪、事件など――を取り上げ、集団就職が必要以上の負の面として語り継がれてきた思いがしてならない。

じつは集団就職という言葉は、教科書などで記されているが、いつ始まり、いつ終わったのか、彼ら、彼女たちはどのような働きをし、どんな役割を果たしたか、その実相は殆どわかっていない。日本の戦後史を正しく理解するためには、市井の人々の人生や声を伝えなければ、時代の本質を捉えたことにならない。

そのひとつの試みとして集団就職が、高度経済成長期に果たしてきた意義を明らかにする作業があった。

現在は昭和史のブームで、当時の流行歌、風景、戦争、著名人などがテレビや雑誌で取り上げられる。ただそこには名もない人々の暮らしや人生、喜びや悲哀への視点が欠けている。その流れの中に集団就職者の存在もある。

今回取材で新たに知ったことがある。集団就職者は、自らの腕を鍛え、それを拠り所に独立し一家を成したり、熟練した労働者としてこの道一筋に生きた方たちが多くいらした、ということだ。

都会の雑踏に埋もれることなく、自分の足でしっかりと人生を歩んだ人たちだ。彼らの生き生きとした声を収録することで、働くこととは何かを今の時代に伝えることができるのではないかと私は考えた。

集団就職の時代と現代は、時代背景も違うが、働くことの根幹は今も昔も変わりはない。本書に登場する人たちの前向きな人生から大きな勇気を与えられる筈だ。

現代は相変わらずの就職難が続く。これから就職される方、いま働きながら、働くことや人生の意味を探求される方、そんな人たちに本書を通して、考えるきっかけにしていただけたらと思う。今まで語られなかった戦後昭和史の側面を知るうえでも本書はその一助となることと思う。

集団就職は、東北出身者という印象があるが、九州、沖縄からの就職者も多い。本書ではこれまで取り上げられることの少なかった九州、沖縄からの集団就職者の姿を描くことに努めた。

本文には収録できなかったが、私には福岡県出身の男性の言葉が心に残っている。

その人は昭和二十二年に福岡市に生まれ、昭和三十八年に中学を卒業して大阪に集団就職した。調理師として店を持つという夢があり、大阪市梅田のレストランで睡眠時間四〜五時間という厳しい環境で頑張って働き、ついに店を持った。

「そりゃ働きづくめでしたよ。でもね、何年か先に自分の店を持てると思えば、できましたよ。働けば生活も楽になりますからね。つらいとは思いませんでした。崖っぷちに立たされると人間はやれるものです」

ここに働くことの神髄がある。そんな大きな勇気を与えて下さった皆様に心から感謝の意を表したい。また頁数の関係で、ご紹介できなかった方々には切にお詫び致します。

本書は弦書房の皆様から多大なるお力添えをいただきました。改めて謝意を表します。

平成二十九年三月二十六日

澤宮　優

主な参考文献　＊主なものは本文中にも記載した。

山口覚『集団就職とは何であったか〈金の卵〉の時空間』ミネルヴァ書房、平成二十八年
加瀬和俊『集団就職の時代――高度経済成長のにない手たち』青木書店、平成九年
『鹿児島県職業安定行政史』鹿児島県商工労働部職業安定課発行、平成十二年
『長崎県職業安定行政史』長崎県労働部職業安定課編集、平成四年
古庄修一『私の歩んだ道』私家版、昭和五十五年
浜名志松「出稼ぎと集団就職」『新・熊本の歴史9現代』熊本日日新聞社、昭和五十八年
東達夫「昭和二十六年　鹿児島　就職列車の想い出」『清流』日本職業協会機関誌
櫃日康之『織姫たちの学校　大阪府立隔週定時制高校の40年　1966―2006』不知火書房、平成二十四年
大阪府立貝塚高等学校隔定記念誌編纂委員会『かがやき貝塚隔定40年のあしあと』大阪府立貝塚高等学校発行、平成十八年
県立多北高定時制記念誌編集実行委員会『学校創立30年・定時制移管28年記念誌　ともしび』岐阜県立多治見北高等学校定時制同窓会発行、昭和六十三年
「〝東京アコガレ病〟――集団就職者になぜ脱落者が出るか」「週刊読売」昭和三十四年四月二十六日号
岩本隼「十年前上野駅に着いた金の卵　ある集団就職の運命」「週刊新潮」昭和四十八年六月二十一日号
「波にもまれる集団就職　さようなら奄美大島」「毎日グラフ」昭和四十一年四月十日号
瑞慶覧薫「沖縄集団就職者の光と影」「現代の眼」現代評論社、昭和五十一年一月号
金城朝夫「沖縄出身集団就職者のその後ろ」「現代の眼」現代評論社、昭和四十七年十一月号
「追跡調査　本土で働く沖縄県民は泣いている‼」「人物評論」昭和四十三年四月
佐木隆三「沖縄女性の本土就職の現実」「婦人公論」昭和四十八年十二月号
佐木隆三「沖縄の底辺⑥ひめゆり丸の健児たち」「マイウェイ」昭和四十四年六月号
高杉晋吾「本土一体化幻想の犠牲者――続・沖縄青年の本土彷徨と死の陰――」「現代の眼」昭和四十九年十二月号
「東京の人はウソつきだ――集団就職に夢破れた少年たち」「週刊明星」昭和三十四年四月二十六日

「この子らに東京は冷たかった――肉親と遠く離れて生きる小さな働き者」「女性自身」昭和三十六年三月十四日号

武香織「家族のかたち　大地康雄」「読売ウイークリー」平成十八年十月一日号

利根山光人「瀬戸　風土記'62〈46〉」「朝日ジャーナル」昭和三十七年十一月二十五日号

「集団就職脱落者の最後――二つの殺人事件の記録」「週刊新潮」昭和五十一年三月十八日号

「〝金の卵〟に手を出す男」「週刊新潮」昭和五十一年四月八日号

「なぜ逃げ出す？　集団就職の少年」「朝日新聞」昭和三十九年五月三日

「かごしま戦後50年　就職列車煙突ない県の悲哀」「南日本新聞」平成六年十月三十一日

「かごしま20世紀　山河こえて〝産業戦士〟運んだ集団就職列車」「南日本新聞」平成十二年二月十五日付

「就職列車が走った1〜10」「南日本新聞」平成六年十月二十四日〜十一月四日連載

「昭和史紀行――九州・西中国　金の卵」「読売新聞・夕刊」昭和六十三年十月十九日

「「金の卵」が集団就職」「陸奥新報社」二〇〇九年二月十六日

「経済成長支えた集団就職　みんな「上り列車」で都会を目指した」「産経ニュース」平成二十七年一月二十五日

菊地史彦「第2章　転がる卵のように――集団就職と戦後都市（1）」「朝日新聞　WEB　RONZA」平成二十六年三月十七日

「シリーズ戦後60年　第1部　幸せの道標　森進一とその時代〈1〉」「西日本新聞」平成十七年一月一日

「大阪にリトル沖縄、誕生の理由　住民の四分の一が出身者」「日本経済新聞・大阪夕刊オムニス関西」平成二十三年八月十七日

資料・取材協力等（五十音順）

沖縄県人会兵庫県本部、大牟田市、瀬戸ノベルティ文化保存研究会、具志堅和男、土本英雄、中村儀朋、星原昌一、山田元樹ほか

〔著者略歴〕

澤宮優（さわみや・ゆう）

一九六四（昭和三九）年、熊本県生まれ。ノンフィクション作家。

青山学院大学史学科卒、早稲田大学日本文学専修卒。『巨人軍最強の捕手』（晶文社）で第14回ミズノスポーツライター賞優秀賞を受賞。昭和の庶民史をテーマに幅広く執筆。

〈主な著作〉

『昭和の仕事』（弦書房）、『イラストで見る昭和の消えた仕事図鑑』（原書房）、『廃墟となった戦国名城』（河出書房新社）、『「考古学エレジー」の唄が聞こえる——発掘にかけた青春哀歌』（東海教育研究所）、『ひとを見抜く——伝説のスカウト河西俊雄の生涯』（河出書房新社）ほか多数。

澤宮優サイト—http://www2.odn.ne.jp/yusawam iya/

集団就職
——高度経済成長を支えた金の卵たち

二〇一七年 五 月十五日第一刷発行
二〇一七年 十 月三十日第二刷発行

著　者　澤宮《さわみや》 優《ゆう》
発行者　小野静男
発行所　株式会社 弦書房
〒810-0041
福岡市中央区大名二—二—四三
ELK大名ビル三〇一
電　話　〇九二・七二六・九八八五
FAX　〇九二・七二六・九八八六

印刷・製本　シナノ書籍印刷株式会社

ISBN978-4-86329-151-5 C0036